Europäische Bibliothek
5

Herausgegeben von Henning Ritter

James Boswell
Besuch bei Rousseau und Voltaire

James Boswell

BESUCH BEI ROUSSEAU UND VOLTAIRE

Herausgegeben und erläutert von
Frederick A. Pottle
Deutsch von Fritz Güttinger

Europäische Verlagsanstalt

CIP-Kurztitelaufnahme der Deutschen Bibliothek

Boswell, James:
Besuch bei Rousseau und Voltaire / James Boswell.
Hrsg. mit e. Einl. u. Anm. von Frederick A. Pottle.
Übers. von Fritz Güttinger.
Frankfurt am Main : Europäische Verlagsanstalt, 1981.
(Europäische Bibliothek ; 5)
Einheitssacht.: Boswell with Rousseau and Voltaire <dt.>
ISBN 3-434-00705-9
NE: GT

Auszug aus:
Boswell on the Grand Tour: Germany and Switzerland, 1764
Ed. by F. A. Pottle. New York 1953

Motiv: Rousseau und Voltaire, Stich von Charles Grignon
nach Füßlis Titelbild zu seinen »Remarks on Rousseau«, 1767
Umschlaggestaltung: Atelier Rambow, Lienemeyer, van de Sand
Produktion: Klaus Langhoff, Friedrichsdorf
Satz und Druck: F. L. Wagener, Lemgo
Bindung: Klemme & Bleimund, Bielefeld

Printed in Germany
ISBN 3-434-00704-0

INHALT

JAMES BOSWELL
Gemälde von George Willison (1765)

ZU DIESEM BUCH

Der Verfasser des Tagebuchs einer Reise durch die Schweiz, nach Môtiers zu Rousseau und nach Ferney zu Voltaire, ist dem deutschen Leser sicher kein ganz Unbekannter, doch verglichen mit seiner geradezu sprichwörtlichen Bekanntheit (durchaus nicht einhelligen Beliebtheit) in der angelsächsischen Literaturwelt ist James Boswell (1740 bis 1795) in Deutschland eher ein literarisches Gerücht. Seit je fehlt es ihm an der begeisterten Anhängerschaft, vor allem aber an Gegnern und dem Lebenselixier der literarisch-moralischen Fehde, wodurch ein Schriftsteller der Vergangenheit Zeitgenosse bleibt. Der gesellschaftssüchtige Egoist, der ein beachtliches Talent besaß, sich ins Gespräch zu bringen, aber auch ein Gesprächspartner von Witz und Format war, nebenbei aus Liebhaberei und Ehrgeiz ein außerordentlich produktiver Journalist, von vielfältiger literarischer und gesellschaftlicher Präsenz, war zu seiner Zeit ein beachteter und auch erfolgreicher Schriftsteller, freilich nicht so sehr in den klassischen literarischen Gattungen, sondern in der durch die Zeitschriften der Zeit geförderten und zur Blüte gebrachten journalistisch-essayistischen Prosa.

Boswell der Literat ist dabei das Produkt eines mühsam errungenen Kompromisses zwischen den Wünschen seines Vaters und den eigenen Neigungen. Als ältester Sohn des Rittergutsbesitzers und Richters Alexander Boswell aus altem schottischen Geschlecht stammend, das sich nach dem Sitz der Familie Auchinleck nannte, sollte er, wie schon der Großvater, Rechtsgelehrter werden, während sich der Achtzehnjährige zur Literatur, zum Theater, vor allem aber zu einer gesellschaftlichen Umgebung hingezogen fühlte, in der diese Interessen im Mittelpunkt stehen konnten. Den Ausbruch in die Metropole London probt er als Zwanzigjähriger für einige Monate, wird aber von seinem Vater zur Fortführung seines juristischen Studiums in Schottland gezwungen. Nach zwei Jahren der Auseinandersetzung, in denen James Boswell an seinem Wunsch in London zu leben und sich dort als Offizier der königlichen Garde zu verankern festhält, erwirkt er schließlich mit der Zusage, seine juristische Ausbildung zu beenden und sich dem Berufswunsch des Vaters zu fügen, wenigstens die Erlaubnis, eine Zeitlang in London zu leben und nach einer Vertiefung seiner Rechtsstudien in Utrecht in Holland eine Bildungsreise, die sogenannte »Grand Tour« durch Deutschland, die Schweiz, Italien und Frankreich, zu machen, die er länger auszudehnen gedenkt, als vom Vater zugestanden.

Der Aufenthalt in London 1762–1763 ist die eigentliche Geburtsstunde des Gesellschaftslöwen und Literaten Boswell, der kein sich ihm bietendes Abenteuer ausläßt, vor keiner Albernheit zurückscheut und zugleich den Umgang mit den führenden Literaten, Schauspielern und Politikern der Metropole sucht. Hier findet er den Zugang zu dem Kreis des Dichters, Kritikers und Lexikographen Samuel Johnson (1709–1784), der für Boswell zu einer Art Alter ego wird, Verkörperung einer Idee von Literatur, die jede Lebensäußerung durchdringt. Für seine Zeitgenossen blieb Boswell im Schatten Johnsons, obwohl er beispielsweise mit seiner Beschreibung Korsikas, die nicht nur Reisebericht, sondern vor allem Plädoyer für die Sache der korsischen Aufständischen ist, Dokument einer Art Revolutionstourismus avant la lettre, einen außerordentlichen Erfolg hatte und in mehrere Sprachen, darunter auch ins Deutsche, übersetzt wurde (*An Account of Corsica, The Journal of a Tour to that Island and Memoirs of Pascal Paoli,* 1769). Das Bild des untrennbaren Gespannes Boswell–Johnson ist im übrigen von Boswell selbst geschaffen worden durch seine beiden Veröffentlichungen nach Johnsons Tod, den Bericht über eine gemeinsam mit ihm unternommene Reise ins schottische Hochland und zu den Hebriden, eine Exkursion an den Rand heimischer Zivilisation und skeptische Probe auf die damals in Mode kommende Verherrlichung einfacher und roher Lebensverhältnisse (*The Journal of a Tour to the Hebrides with Samuel Johnson,* 1785), und vor allem durch sein unbestrittenes Meisterstück, die Lebensbeschreibung Johnsons, ein Werk, das durch die fast tagebuchartige Genauigkeit und Dichte, die szenische Lebendigkeit der Sentenzen und Gespräche und durch den Reichtum an Beobachtungen zeitgenössischen Lebens noch heute zu faszinieren vermag (*The Life of Johnson,* 1791).

Seine Eigenart und Wirkung verdankt besonders das zuletzt genannte Werk einer Kunst der Aufzeichnung, der Fixierung und unauffällig kunstvollen Verbindung von Wirklichkeitsausschnitten, vor allem besprochener, im Gespräch erschlossener und betrachteter Wirklichkeit. Es gibt sich als schlichtes Produkt wacher Aufmerksamkeit und genauer Registratur und scheint aller höheren literarischen, gar dichterischen Weihen gerne zu entraten, so daß man Boswell als eine Art Eckermann sehen konnte, freilich von einem anderen Temperament, das gegen die Rolle des getreu Aufzeichnenden auch rebelliert, selbst die Gesprächsregie übernimmt und sich provokativ in Szene zu setzen weiß – so sehr, daß Johnson aufstöhnen konnte: »Sie haben nur zwei Themen, sich selbst und mich, und ich bin beider überdrüssig.«

Für Boswell war der Unterschied zwischen diesen beiden Themen, der bewunderten und unausgesetzt befragten Größe anderer (handele es sich nun um Johnson, Rousseau, Voltaire oder einen anderen seiner Zeitgenossen, mit dem er Umgang hatte) und seiner eigenen Person, nur geringfügig, meinte er doch den stark empfundenen Mangel an eigener Größe durch die enthusiastische Verehrung anderer zu kompensieren. Wie ein bis in Melancholie und Depression sich vertiefender Selbstzweifel, der Boswell periodisch heimsuchte, durch Verehrung anderer zwar nicht geheilt, durch interessierte Beobachtung anderer aber produktiv gewendet werden kann, dafür ist Boswells Biographik ein Beispiel, und wohl nur aus solchen tiefliegenden egoistischen Impulsen läßt sich die Intensität seiner beschreibenden Aneignung, Wiederholung und Vergegenwärtigung des Lebens anderer erklären.

Boswell war, und darin hat ihm die angelsächsische Literaturkritik im ganzen bis heute recht gegeben, von den einzigartigen Verdiensten seiner biographischen Darstellungsweise mit einer Sicherheit überzeugt, die sich wohl nur mit der der Eingangssätze von Rousseaus »Bekenntnissen« vergleichen läßt, wenn auch die Gründe dieser Selbsteinschätzung bei Boswell eher in einem technischen Gelingen zu liegen scheinen: »Ich bin absolut sicher«, sagt er, »daß meine Art der Biographie, die nicht nur eine *Geschichte* von Johnsons *sichtbarem* Gang durch die Welt und von seinen Veröffentlichungen, sondern eine *Ansicht* seines Geistes in seinen Schriften und Gesprächen gibt, die vollkommenste ist, die sich nur denken läßt, und mehr Lebensbeschreibung ist als irgendein je erschienenes Werk.«

Worauf Boswell die Sicherheit dieses seines Urteils über das Gelingen seines eigenen Unternehmens gründete, sind wir heute viel eher zu sagen imstande als seine Zeitgenossen und seine Nachwelt bis in unser Jahrhundert. Zwar war es durch zahlreiche Äußerungen Boswells, durch Briefe und Gespräche, bekannt, daß er seit etwa seinem zwanzigsten

Lebensjahr ein Tagebuch führte, auf das er sich viel zugute hielt, das auch im Mittelpunkt seiner literarischen Produktion stand und das für die Form seiner Johnsonbiographie selbst in den Abschnitten stilbildend gewirkt hat, wo er sich nicht auf eigene Aufzeichnungen stützten konnte, doch galt dieses Tagebuch als verschollen, bis es 1925 und in den darauffolgenden Jahren unter phantastisch anmutenden Umständen wiederauftauchte. Schon einmal, 1857, war durch einen unglaublichen Zufall ein Stapel Boswellscher Briefe an seinen Freund Temple als Einwickelpapier in einem Laden gefunden worden. Doch der übrige Nachlaß mußte weiterhin als verschollen gelten. Boswells Nachlaßverwalter hatten nicht nur nichts von dem drucken lassen, was er mit diesem Wunsch hinterlassen hatte, sondern man mußte sogar annehmen, daß es von den Erben wegen seiner skandalösen Offenheit vernichtet worden war. Denn alle Vorstöße auf dem schottischen Stammsitz der Boswells und später auf Schloß Malahide in Irland, wohin die gesamte Hinterlassenschaft nach dem Verkauf des Stammsitzes gelangt war, blieben ergebnislos, bis es 1926 einem amerikanischen Sammler, Oberst Ralph H. Isham, gelang, was an Handschriftlichem noch vorhanden war zu erwerben. Es stellte sich heraus, daß es sich dabei um fast das gesamte Tagebuch Boswells, Hunderte von Briefen und die Urfassung der »Reise zu den Hebriden« handelte. Dieses Material wurde zu einem großen Teil in einem Privatdruck mit kleiner Auflage in achtzehn Bänden von Geoffrey Scott und Frederick A. Pottle zwischen 1928 und 1934 herausgegeben. Mit diesem Fund hatte es aber noch nicht sein Bewenden: 1930 tauchte noch einmal ein Stoß von Boswell-Papieren auf, mit dem Londoner Tagebuch von 1762–1763 und Briefen von und an Boswell, in den vierziger Jahren dann die Urfassung der Johnsonbiographie und weitere Manuskripte. Der auf völlig unvorhersehbare Weise so wieder zusammengeführte Boswell-Nachlaß ist seit 1949 im Besitz der Yale University und wird seither unter maßgeblicher Beteiligung von Frederick

A. Pottle von einem Kreis von Boswellforschern sowohl in einer historisch-kritischen Gesamtausgabe wie in einer Leseausgabe für das allgemeine Publikum ediert. Das vorliegende Tagebuch von Boswells Reise durch die Schweiz 1764 ist der deutschen Übersetzung des dritten Bandes dieser populären Ausgabe entnommen, die kurz nach dem Erscheinen der Originalausgabe 1955 vom Diana-Verlag in Zürich herausgebracht wurde.[1]

In seinem Vorwort zum ersten Band der Yale Editions of the Private Papers of James Boswell, dem Londoner Tagebuch von 1762–1763, stellt der Herausgeber Frederick A. Pottle fest: »Boswells Nachlaß ist der größte und bedeutendste Fund, der auf dem Gebiet der englischen Literatur je gemacht wurde. Das Material ist nicht nur ungeheuer aufschlußreich, was Boswell selber betrifft, es gibt auch mancherlei Aufschluß über Samuel Johnson und seinen Kreis, über die anderen Zeitgenossen Boswells und allgemein über die Kulturgeschichte der zweiten Hälfte des 18. Jahrhunderts.« Das ist eine zurückhaltende Feststellung, wenn man sie daran mißt, daß Boswells Nachlaß die wohl umfangreichste autobiographische Sammlung der europäischen Literatur darstellt: nur ein Bruchteil davon ist bisher in den vergangenen Jahrzehnten veröffentlicht worden. Aber nicht nur in quantitativer Hinsicht hat Boswell einen Anspruch auf einen besonderen Platz in der Geschichte der Tagebuchliteratur, denn seine Aufzeichnungen stehen in

1 Von der »Trade Edition« der *Yale Editions of the Private Papers of James Boswell* sind bisher erschienen: 1. *Boswell's London Journal, 1762–1763,* Hg. F. A. Pottle (1950); dt. *Boswells Londoner Tagebuch,* übers. von Fritz Güttinger (1953). 2. *Boswell in Holland, 1763–1764,* Hg. F. A. Pottle (1952). 3. Sir Joshua Reynolds, *Portraits,* Hg. F. W. Hilles (1952). 4. *Boswell on the Grand Tour: Germany and Switzerland 1764,* Hg. F. A. Pottle (1953); dt. *Boswells Große Reise,* übers. von Fritz Güttinger (1955). 5. *Boswell on the Grand Tour: Italy Corsica, and France, 1765–1766,* Hg. F. Brady u. F. A. Pottle (1955). 6. *Boswell in Search of a Wife, 1766–1769,* Hg. F. Brady u. F. A. Pottle (1957). 7. *Boswell for the Defence, 1769–1774,* Hg. W. K. Wimsatt, Jr. u. F. A. Pottle (1960). 8. *Boswell: The Ominous Years, 1774–1776,* Hg. C. Ryskamp u. F. A. Pottle (1963). 9. *Boswell: Journal of a Tour to the Hebrides with Samuel Johnson, 1773,* Hg. F. A. Pottle u. C. H. Bennett (1963). 10. *Boswell in Extremes, 1776–1778,* Hg. C. M. C. Weis u. F. A. Pottle (1970). 11. *Boswell, Laird of Auchinleck, 1778–1782,* Hg. Joseph W. Reed u. F. A. Pottle (1977).

einer ganz ungewöhnlichen Weise im Mittelpunkt der Lebensführung, indem der gesamte Erfahrungsraum auf das Tagebuch hin organisiert wird. Die Devise für seine Art der Tagebuchführung hat Boswell auf geistvoll-witzige Weise so formuliert: »Es hat keinen Sinn, mehr zu erleben, als man aufzeichnen kann, man soll ja auch nicht mehr Getreide anpflanzen, als man einbringen kann ...«

Tatsächlich ist es in den Phasen intensivster Tagebuchführung so, daß das eigentliche Tagebuch nur ein Teil einer Reihe von Veranstaltungen ist, die es einerseits vorbereiten und andererseits fortführen. Dazu gehören etwa die auch in dem vorliegenden Band gelegentlich auftauchenden Merkzettel, die den intimsten Teil der Aufzeichnungen ausmachen, zeitweise eine Art Geheimtagebuch sind, aber auch der Vorbereitung des Tageslaufes, der Präparierung auf Gespräche usf. dienen, so daß sie später wiederum mit Aufzeichnungen verglichen werden können, die unmittelbar nach den Ereignissen gemacht wurden. Das Tagebuch selbst setzt diese Prozeduren voraus, und die Unmittelbarkeit seiner Wirkung ist durchaus etwas Künstlerisches, das Ergebnis einer eigenen literarischen Technik der Tagebuchführung, auf die F. A. Pottle aus der genauen Kenntnis des Boswellschen Nachlasses aufmerksam gemacht hat und die Boswell am konsequentesten in seinem Londoner Tagebuch von 1762–1763 anwendet: das endgültige Tagebuch wird erst einige Tage nach den Ereignissen in größeren Stücken und in Kenntnis späterer Ereignisse niedergeschrieben, doch so, daß der Eindruck des diarischen Präsens erhalten bleibt. In Verbindung mit den Aufzeichnungen, auf die Boswell zurückgreift, und gestützt auf ein außergewöhnlich präzises Gedächtnis, besonders für Gesprächsverläufe, die er offenbar mit größter Genauigkeit festzuhalten vermag, gelingt ihm dadurch ein besonderer dramatisch-szenischer Stil, der innerhalb der Tagebuchliteratur wohl kaum eine Parallele hat. Dieses Verfahren mag Zweifel an der Authentizität des Resultates wecken, die aber offenbar nur in Grenzen berechtigt sind und dadurch aufgewogen werden, daß sich die höchst bewegliche Sprache realistischer Beobachtung mit Gegenständen verbindet, die in die öffentliche Literatur und Konversation der Zeit in dieser Weise nicht Eingang finden konnten, wie etwa Boswells Aufzeichnungen über seine Londoner Liebesaffären.

Aber nicht die Intimität der Mitteilung macht den Reiz der Tagebücher Boswells aus, sondern die Tatsache vor allem, daß sie ihre Entstehung nicht nur dem moralischen Interesse an Selbstbeobachtung und Selbstfindung verdanken, sondern auch dem literarischen Interesse an der Vergegenwärtigung der erfahrenen Wirklichkeit, vor allem an Darstellungstechniken, die sie auch für andere gegenwärtig hält. Auf eine eigenartige Weise verbindet sich in Boswells Tagebuch die Intimität der Aufzeichnung mit der Öffentlichkeit des Gestus, der sie festhält. Die Gewichte zwischen diesen beiden Momenten verschieben sich dabei von einer biographischen Phase und von einer Situation zur anderen, doch charakteristisch bleibt eine über das Tagebuch hinausgreifende literarische Absicht. In diesem Sinne kann man sagen, daß das Gelingen der Lebensbeschreibung Johnsons das Resultat eines über Jahrzehnte geführten Tagebuches ist, dessen Darstellungstechniken eine neue Art der Biographie vorbereiteten.

An einem so kleinen Ausschnitt wie den hier veröffentlichten Aufzeichnungen vom Jahresende 1764, die dazu noch unter den besonderen Bedingungen einer Reise entstanden sind, lassen sich die Qualitäten des Autobiographen Boswell, der durch die Wiederentdeckung seines Nachlasses aus dem Schatten Johnsons zu treten beginnt, natürlich nur fragmentarisch ablesen. Auch ist der Verfasser der Tagebücher, zumal der junge Mann von vierundzwanzig Jahren, dem wir hier begegnen, von einer ungeheuren Wandlungsfähigkeit und nimmt, wie Geoffrey Scott, ihr erster Herausgeber, bemerkt hat, auf seiner »Großen Reise« die Farbe seiner Umgebung an, so daß er hier den Philosophen spielt, während er in Deutschland als Baron auftrat und in Italien der Schwerenöter sein wird. Und doch ist es nicht unberechtigt, Boswell in dem Moment vorzustellen, wo er den beiden berühmtesten Männern seiner Zeit gegenübertritt, seinen größten Ehrgeiz befriedigt sieht, aber vor allem eine erstaunliche Selbständigkeit an den Tag legt: »Er geht als Fragesteller hin, bleibt aber selber das, wonach gefragt wird« (F. A. Pottle).

H. R.

BOSWELL
BEI ROUSSEAU UND VOLTAIRE
1764

Vorbemerkung des Herausgebers

ROUSSEAU UND VOLTAIRE. Jean Jacques Rousseau, von dem gesagt worden ist, er habe entscheidender in den Gang der Geschichte eingegriffen als irgendein einzelner seit Christi Geburt, war Schweizer, 1712 in Genf geboren und somit zweiundfünfzig Jahre alt, als Boswell ihn in Môtiers aufsuchte, wohin er sich zurückgezogen hatte. Nachdem er die ersten achtunddreißig Jahre seines Lebens als Bedienter, Hauslehrer, Sekretär, Komponist, Notenabschreiber, Zeilenschinder und Vagabund verbracht hatte, wurde er mit einem Schlag berühmt durch eine »Abhandlung über die Künste und Wissenschaften«, in welcher er mit bestechender Beredsamkeit den widersinnigen Gedanken ausführte, der Naturzustand sei einem Zustand hochentwickelter Kultur vorzuziehen. In drei bedeutenden Werken, der »Neuen Heloise«, dem »Emil« und dem »Gesellschaftsvertrag«, alle 1761–62 in einem Zeitraum von achtzehn Monaten entstanden, vertrat er umwälzende Anschauungen auf den wichtigsten aller Gebiete: der Staatsform, Erziehung, Religion, Geschlechtsmoral, Familie. Er gab damit dem europäischen Geistesleben gewaltigen Antrieb und geriet des umstürzlerischen Charakters seiner Gedanken wegen gleichzeitig in heftigen Konflikt mit Kirche und Staat. Vor der Veröffentlichung des »Emil« (in welchen unter dem Titel »Glaubensbekenntnis eines savoyischen Vikars« die ausführlichste Darlegung seiner religiösen Anschauung eingeschoben ist) hatte er einige Jahre in Paris gelebt, wo er Ende Mai 1762 das Buch herausbrachte, nachdem einflußreiche Freunde ihm ihren Schutz zugesichert hatten. Das Buch wurde alsbald verboten, und es erging ein Haftbefehl gegen den Verfasser, doch ließ man ihn nach Yverdon entkommen, damals eine Vogtei des Kantons Bern. Auch von der Republik Genf wurde er geächtet, die seine Ausweisung aus dem bernischen Gebiet durchzusetzen vermochte. Am 10. Juli 1762 suchte er in Môtiers, Val de Travers, Zuflucht, einem Dorf im Gebiet von Neuenburg, das damals noch nicht zur Eidgenossenschaft gehörte, sondern ein Fürstentum und dem König von Preußen untertan war. Als dessen Statthalter wirkte Lord Marischal, der dem Gehetzten seine persönliche Freundschaft zuteil werden ließ und ihm den Schutz Friedrichs des Großen verschaffte.

Wenn wir Rousseau sehen wollen, wie ihn Boswell anfangs Dezember 1764 sah, müssen wir so ziemlich alles wegdenken, was wir von seinem Privatleben wissen. Dieses Wissen stammt hauptsächlich aus den »Bekenntnissen«, die noch gar nicht geschrieben waren und erst nach Rousseaus Tod veröffentlicht wurden. Seit etwa zwanzig Jahren lebte er in wilder Ehe mit Therese Le Vasseur, einer Dienstmagd ohne jede Schulbildung. Nach seiner eigenen Darstellung, die wohl zu Unrecht bezweifelt worden ist, hatte er von ihr zwischen 1746 und 1755 fünf Kinder, die er alle gleich nach der Geburt ins Pariser Findelhaus steckte, wobei nur das erste eine Erkennungsmarke erhielt. Rousseau rechtfertigte sich seinerzeit damit, er sei so verzweifelt arm und Theresens Anhang ein so schlimmes Pack gewesen, daß die Kinder im Findelhaus besser aufgehoben waren als unter seiner eigenen Obhut. Er lebte tatsächlich in größter Armut, und sein Urteil über Theresens Sippschaft scheint berechtigt gewesen zu sein; außerdem schämte er sich des Verhältnisses zu Therese und hätte es gerne geheimgehalten; er hatte keine Lust, sich mit Kindern abzugeben; und schließlich eignete ihm schon immer eine krankhafte Abneigung, das Rechte zur rechten Zeit zu tun. Später, als er seine bedeutenden Werke schrieb, bestand er einen heftigen innern Kampf, aus dem er als der einsame Dichter und Denker hervorging, wahrhaft enthaltsam sowohl seiner Lehre wie seiner Lebensweise nach. (Seine Gesinnungsänderung hatte sich 1758 in einer Abhandlung gegen das Theater angekündigt.) 1761 weihte er Madame de Luxembourg in sein Geheimnis ein; er erklärte ihr, er habe schon seit einiger Zeit nicht mehr mit Therese verkehrt. Der Gedanke an die Kinder, die er ihrem Schicksal überlassen, machte ihm zu schaffen, und er bat die Frau, nach ihnen zu suchen, aber die Nachforschungen, die sie anstellte, erwiesen sich als vergeblich. Leider war das Geheimnis noch drei oder vier Personen bekannt, und eine derselben machte Gebrauch davon, um ihn in einem Zeitpunkt zur Strecke zu bringen, als er sich dessen am wenigsten versah.

In Môtiers war Rousseau ganz nach Wunsch aufgehoben. Seiner Veranlagung nach überwarf er sich früher oder später mit allen, denen er zu Dank verpflichtet war, und in Môtiers war er eher in der Lage, sich selber zu helfen, als in Paris und brauchte nicht von anderer Leute Gnade zu leben. Auch konnte er ungestörter am Schreibtisch arbeiten, was von Wichtigkeit war für jemand, der ausschließlich von der Feder lebte. Als Klausner konnte er sich ferner sein hartnäckiges Leiden (Harnstrenge) etwas erleichtern, das ihn nie zur Ruhe kommen ließ. (So konnte er in Môtiers, ohne allzusehr aufzufallen, den armenischen Kaftan tragen, den er sich krankheitshalber zugelegt hatte.) Und des fernern liebte er die Landschaft um ihrer selbst willen, war er doch einer der ersten Apostel der Naturschwärmerei und nebenbei auch Pflanzenkundler.

Kurz, Rousseau hatte sich schließlich doch noch zu Anstand und Selbstachtung durchgerungen und führte ein einfaches, ruhiges, ertragreiches und leidlich glückliches Leben. Boswell sah ihn gerade noch auf der Höhe seines ungetrübten Ruhmes, sah ihn als den unerschrockenen und tugendhaften Denker, den staatliche Willkür und kirchliche Engstirnigkeit verfolgten – eine Gestalt, der alles huldigen mußte, was jung und begeisterungsfähig war.

Rousseau hätte wohl auf unbeschränkte Zeit in seiner Klause in Môtiers hausen können, wenn er willens gewesen wäre, sich ruhig zu verhalten; aber sich ruhig verhalten, das war ihm nicht gegeben. Er veröffentlichte eine Entgegnung an den Erzbischof von Paris, in welcher er weiterhin seine religiösen Anschauungen entwickelte, die bei strengen Katholiken, strengen Protestanten und Atheisten gleicherweise Anstoß erregten; er verzichtete öffentlich auf sein Genfer Bürgerrecht und stachelte seine zahlreichen Anhänger in Genf zum Widerstand gegen die Regierung auf. Jean Robert Tronchin, ein Genfer Ratsherr, rechtfertigte das Verbot des »Emil« in »Briefen vom Lande«, auf welche Rousseau mit »Briefen vom Berge« antwortete, ein beredter und aufwieglerischer Angriff auf die herrschende Schicht in der Stadt. Wie noch zu bemerken sein wird, hatte Boswells Reisegefährte von Straßburg nach Basel, ein gewisser Boily, die ersten Exemplare dieser Schrift bei sich, um sie Rousseau zu überbringen. Sie gelangten am 18. Dezember 1764 nach Genf, in der Zeit zwichen Boswells letztem Gespräch mit Rousseau und seiner eigenen Ankunft alldort. Um die Geschehnisse weiterzuverfolgen, muß man sich nun zunächst der andern großen Gestalt zuwenden, der Boswells Schweizer Reise galt.

François Marie Arouet, aus Paris, bekannt unter seinem angenommenen Namen Voltaire, hatte unlängst seinen siebzigsten Geburtstag gefeiert. Er konnte auf ein äußerst umfangreiches Schaffen zurückblicken. Heute denkt man dabei in erster Linie an die ironischen Prosaerzählungen, vor allem an »Candide«; 1764 galt er indessen vornehmlich als epischer und dramatischer Dichter (er hat mehr als fünfzig Versdramen verfaßt, darunter von den Franzosen vielbewunderte Trauerspiele in ihrer klassizistischen Manier), dann auch als Geschichtsschreiber, Philosoph, Kritiker und Polemiker. Zeit seines Lebens nahm er von nicht allzu gefährdeten Verstecken aus die politische und religiöse Rechtgläubigkeit seiner Landsleute aufs Korn. 1726 ging er nach England in die Verbannung, um nicht wegen Bedrohung einer hohen Persönlichkeit ins Gefängnis zu wandern, und blieb dort drei Jahre, während welcher er sich in vornehmen Kreisen bewegte, die Sprache erlernte und mit Wohlgefallen die hergebrachte englische Redefreiheit wahrnahm. Von 1751–53 wohnte er bei Friedrich dem Großen in Potsdam, bis es zum Zerwürfnis kam, das beiden nicht eben zur Ehre gereicht zu haben scheint.

Der Beiname, den man Voltaire im achtzehnten Jahrhundert gemeinhin beilegte, deckt sich mit dem, unter dem er heute noch geht: der Erzspötter. Er war Deist, aber einer der unversöhnlichen Art, der nie eine Gelegenheit verpaßte, sich über irgendeinen Glauben, irgendeine heilige Schrift lustig zu machen. Als Spötter erzielt er in der Tat seine besten Wirkungen, so wenn er vollkommen gewissenlos und ohne eine Miene zu verziehen Schriftwerke inhaltlich beschreibt, die ihm nicht zusagen: Shakespeares »Hamlet«, das Buch des Propheten Hesekiel, Rousseaus »Neue Heloise«.

1758 ließ sich Voltaire in Ferney nieder, ungefähr sechs Kilometer von Genf entfernt, aber noch auf französischem Boden. Hier genoß er sowohl die gesellschaftliche Freiheit Frankreichs wie auch die politische Freiheit Genfs, und für alle Fälle erwarb er sich noch Liegenschaften im Kanton Waadt und im Königreich Sardinien, beide in nächster Nähe gelegen. Seine Schriften und glücklichen Handelsspekulationen hatten ihn zum reichen Mann gemacht; er lebte in fürstlichem Stil auf einem Schloß, ständig von einer Menge

Besucher umgeben – dürr wie ein Gerippe, zahnlos, langnasig, mit Augen, die jugendlich unter der Perücke hervorblitzten. Alles in allem eine ganz andere Art von Mensch als der stachlige Klausner von Môtiers.

Rousseau hatte dem älteren Zeitgenossen ursprünglich herzliche Bewunderung entgegengebracht, doch erregte dessen spottsüchtiges Zweiflertum immer mehr seinen Abscheu. Obwohl das, was er selber zu glauben gewillt war, nicht über den Deismus hinausging, zog er nie öffentlich irgendeinen Glauben ins Lächerliche und war sogar der Ansicht, Sittlichkeit und Staatsbürgertum seien ohne feste kirchliche Form nicht denkbar. Vollends verfeindete er sich mit Voltaire, als dieser sich auf dem Landgut Les Délices vor den Toren Genfs niederließ, der Abgott der Städter wurde, ein privates Theater baute und seinen Freund d'Alembert anstiftete, gegen das Verbot von Theateraufführungen in Genf zu schreiben. Rousseau, teils aus Eifersucht, in der Hauptsache aber aus Überzeugung, trat d'Alembert in einem berühmten »Brief gegen die Schaubühne« entgegen, in welchem er Voltaire beschuldigte, die spartanische Tugend seiner Vaterstadt zu untergraben. 1760 wandte er sich in einem seiner glänzenden und rücksichtslosen Briefe an Voltaire selber: »Kurz, ich hasse Sie, da Sie es so haben wollen.« Für Rousseau wäre die Sache damit erledigt gewesen. Er suchte zwar bei jeder Gelegenheit Streit, hätte es aber nie über sich gebracht, heimtückisch etwas gegen einen Feind zu unternehmen, um ihm zu schaden. Indem er es mit Voltaire aufnahm, hatte er sich unklugerweise mit einem der zähesten, hinterlistigsten und gewissenlosesten Gegner eingelassen. Voltaire verspottete zunächst einmal unter einem Decknamen die »Neue Heloise« auf unflätige Art und steckte wahrscheinlich auch hinter dem Genfer Verbot des »Emil«. Voltaires Leibarzt, Dr. Theodor Tronchin, verwandt mit dem Verfasser der »Briefe vom Lande«, war eine der vier oder fünf Personen, die von Rousseaus Kindern wußten. Von ihm hat Voltaire wohl das traurige Geheimnis unmittelbar oder auf Umwegen erfahren, und am 27. Dezember 1764 ließ er eine Streitschrift erscheinen, »Wie die Bürger sich dazu stellen«, die als das Werk eines frommen Geistlichen getarnt war; Rousseaus Leiden wurde darin auf eine Geschlechtskrankheit zurückgeführt, es wurde ihm vorgeworfen, er habe seine Kinder ausgesetzt, Theresens Mutter durch sein herzloses Verhalten umgebracht und Therese selber mißhandelt. Rousseau bekam die Schrift am 31. Dezember zu Gesicht (etwas mehr als zwei Wochen nach Boswells Abreise) und war von da an ein gebrochener Mann, häufig ganz von Sinnen, immer am Rande geistiger Umnachtung. Die letzten vierzehn Jahre seines Lebens befand er sich ständig auf der Flucht vor Verfolgern, die nach 1765 wohl nur noch in seiner Einbildung vorhanden waren. Boswell hätte den Zeitpunkt seines Besuchs nicht wirkungsvoller wählen können. Wäre er nur um ein weniges später gekommen, hätte er bestimmt das reizende häusliche Idyll (die Mahlzeit in Rousseaus Küche) nicht mehr erlebt, in das seine Unterredungen ausmünden.

Wie Boswell es fertigbrachte, mit Voltaire ins Gespräch zu kommen, ist in seinen eigenen Aufzeichnungen ausführlich festgehalten. Es gibt da keine verborgenen Strömungen unter der Oberfläche dieser Begegnung. Dagegen dürfte dem Leser damit gedient sein, wenn die verstreuten und manchmal dunkeln Anspielungen auf Rousseau, die sich im Tagebuch und auf den Merkzetteln finden, zu Beginn klar zusammengefaßt werden.

Boswell kam zu Rousseau wie der Jünger zum Meister, der Kranke zum Arzt, in gewissem Sinn wie das Beichtkind zum Beichtvater. Obwohl er schon im Sommer 1763 den Entschluß gefaßt hatte, Rousseau aufzusuchen, deutet nichts darauf hin, daß er vor dem Herbst 1764 irgendeine seiner Schriften gelesen hätte, mit Ausnahme des »Glaubensbekenntnisses eines savoyischen Vikars«, und vielleicht nicht einmal dieses im Original. Als er von Berlin aus die Reise antrat, die ihn letzten Endes in höchstens zehn

Wochen nach Môtiers führen sollte, begann er sich planmäßig auf die Begegnung vorzubereiten. Er las sich unterwegs durch die »Neue Heloise« und den »Emil« hindurch, um in der Lage zu sein, sinnvolle Fragen stellen zu können. Was er erlebte, war eine heftige innere Wandlung. Schon am 27. September ermahnt er sich, »Rousseau zu besuchen und ausführlich Rat einzuholen«. *Ausführlichen* Rat, was natürlich voraussetzte, daß sich Rousseau zunächst einmal geduldig Boswells ganze Lebensgeschichte anhörte. Infolgedessen spielt sich während der ersten drei Unterredungen dauernd eine unausgesprochene Komödie ab: Boswell sucht Rousseau in den Beichtstuhl hineinzusteuern; Rousseau, der seines Leidens und seiner Schreibarbeit wegen wie auf Nadeln sitzt, versteht es immer wieder, sich ihm zu entwinden, wenn Boswell schon glaubt, er habe das Gespräch in die gewünschte Richtung gelenkt. Wie Boswell zu guter Letzt die Wendung herbeiführt und sich für seine Beichte Gehör verschafft, soll hier nicht vorweggenommen werden.

Freitag, 23. November.[1] Gestern abend sagte ich zu Jakob: »Wir wollen einmal abreisen, ohne in Zeitnot zu geraten.« Heute heilten wir es so. Mein Kutscher, dieser Spitzbube, hatte mit einem Franzosen vereinbart, ihn in meinem Wagen bis Basel mitzunehmen, gegen eine Entschädigung von zwölf Livres. Ich war sehr ungehalten und wollte ihn nicht hineinlassen. Als ich jedoch vernahm, daß er den Kutscher noch nicht bezahlt habe, nahm ich ihn auf, unter der Bedingung, daß er mir zehn Livres zahle und dem Kutscher nichts gebe. Es war ein artiger junger Mann, ein Kupferstecher, der sich drei Jahre in Holland aufgehalten hatte, recht manierlich für einen Franzosen.[2] Die Fahrt nach – – –[3] verlief angenehm.

Samstag, 24 November. Wir waren recht aufgeräumt. Boily, mein Franzose, zog einen treffenden Vergleich zwischen seinen Landsleuten und den Engländern. »Die Engländer fühlen sich über alle Völker erhaben und schauen mit Verachtung auf sie herab. Die Franzosen verachten andere nicht, obwohl sie sich sicher allen andern Vökern ebenso

---

1 »... Heute alles gepackt – ohne Hast. Aufbruch. Lesen. *Retenu*, doch munter. Behalte Stimmungsumschwung für dich. Bereite Rousseau vor« (Merkzettel, 23. November).

2 Dieser Mitreisende, Charles Ange Boily, hatte einen Auftrag an Rousseau zu bestellen, ohne daß Boswell dies in Erfahrung gebracht hätte. Er sollte Rousseau von dem Amsterdamer Verleger Rey acht Vorausexemplare der »Briefe vom Berge« überbringen und ihn für einen Kupferstich porträtieren. Nach Môtiers scheint er allerdings nicht gegangen zu sein; er ließ Rousseau das Paket offenbar auf andere Art zukommen.

3 Wahrscheinlich Kolmar.

überlegen fühlen.« Er brachte mir ein Lied bei. Ein Materialist ist er auch. Er machte kaum einen Unterschied zwischen Herr und Diener und wußte nicht, wann sprechen und wann den Schnabel halten.

Wir kamen auf Schweizer Gebiet. Es ist ein stumpfes Volk. Jakob bekundete keinerlei freudige Erregung beim Wiedersehen mit der Heimat. In Basel angekommen, stiegen wir in den »Drei Königen« ab, einem schön gelegenen Gasthof am Rheinufer. Imhof, der Wirt, ist ein sonderbarer Kauz. Er rühmte sein Basel bis in die Puppen; es verdiene, gründlich besichtigt zu werden, sagte er, damit ich meinen Aufenthalt bei ihm ausdehne. Er begleitete uns auf einen Rundgang, wobei er sich des langen und breiten über alles ausließ, was er sah. Wir speisten an der allgemeinen Mittagstafel, wo er sich über die große Zahl der Gäste verbreitete und die berühmten Gelehrten, die schon in seinem Hause gewohnt hatten. »Voltaire war hier«, erzählte er uns. »Er ging gleich zu Bett. Ich fragte den Diener, ob sein Herr etwas zu essen wünsche. ›Ich weiß nicht. Kommt drauf an. Vielleicht; vielleicht auch nicht.‹ Nun, ich ließ eine gute Suppe bereiten und ein Huhn herrichten. Herr Voltaire wacht auf; er verlangt zu essen. Ich bringe ihm die Suppe. Er nimmt sie. Er weist sie zurück. Dann nimmt er sie doch. ›Eine ausgezeichnete Suppe!‹ Ein Gast war eingetroffen, und ich gab ihm die Hälfte des Huhns. Die andere Hälfte bringe ich Voltaire. Er nimmt sie. Er weist sie zurück. Dann nimmt er sie doch. ›Das Huhn ist ausgezeichnet!‹ Es ärgert ihn, daß er nicht ein ganzes bekommen hat. ›Ein halbes Huhn ist gar kein Huhn!‹ sagt er dauernd. ›Ein halbes Huhn ist gar kein Huhn!‹ Kurz, er war mit meinem Haus sehr zufrieden.« Das wäre ein Muster *eloquentiae Imhoffianae.* Ich hatte meinen Spaß an ihm und kam zu dem Schluß, er sei entweder eine grundehrliche Haut oder ein Erzgauner.[1] Das Schlafzimmer, das ich hatte, war vorzüglich.

---

1 Casanova hielt ihn für einen Gauner. Er führte Buch über seine Gäste und kenn-

Sonntag, 25. November. Ich vertiefte mich in Rousseaus »Glaubensbekenntnis eines Savoyarden«, dessen Klarheit, Einfachheit und Frömmigkeit mich angenehm berührte. Dann sah ich mir den berühmten Totentanz an, der als ein Werk Holbeins galt, da dieser aus Basel stammte; in Wirklichkeit hieß der Maler aber Jean Klauber. Allerdings ist von der ursprünglichen Arbeit nicht mehr viel vorhanden, da sie sehr alt ist und oft ausgebessert wurde. Ich erstand ein Heft mit Angaben über Bilder und Beschriftung. Man hat den Totentanz in einer überdachten Galerie untergebracht, mit einem Geländer davor. Von Zeit zu Zeit wird es von Lausbuben mit Steinen beworfen und beschädigt.[1] An der Mittagstafel schalt unser Wirt: »Man will auch leben. Reich wird man hier nicht.« Nach dem Essen besichtigte ich das Zeughaus, wo viele guterhaltene Waffen zu sehen sind, alle spiegelblank geputzt. Manche davon sind Beutestücke aus den Burgunderkriegen.[2] Dann suchte ich den Rechtsgelehrten Wolleb auf, Schultheiß am Stadtgericht der mehreren Stadt Basel. Ich war von Professor Gottsched in Leipzig an ihn empfohlen worden. Er erwies sich als ein Deutschschweizer *literatus* von quicklebendigem Wesen. Ich gab mich ganz zwanglos, und er ging auch aus sich heraus.

Er machte mich auf etwas Sonderbares aufmerksam. Die Uhren von Basel-Stadt gehen ungefähr eine Stunde vor, verglichen mit allen andern Uhren im Land, ja verglichen mit der Sonne selber, nach der sie gerichtet werden. Wenn also ein Fremder um die Mittagszeit von Basel abreist, kann er meilenweit fahren, und wenn er dann nach der Uhr sieht, ist es immer noch Mittag. Verschiedene Gründe werden für

---

zeichnete darin als Schubiaks alle diejenigen, deren Trinkgeld seines Erachtens zu wünschen übrigließ.

1 Das Gemälde wurde 1806 vom Janhagel zerstört.

2 Aus den Schlachten von Grandson und von Murten (1476), wo sich die Streitkräfte der Eidgenossen denjenigen des mächtigsten Fürsten jener Zeit als überlegen erwiesen. Karl der Kühne, Herzog von Burgund, erlitt eine so schwere Niederlage, daß die Macht Burgunds gebrochen war, und Ludwig XI. das Herzogtum an sich bringen konnte.

diese Eigenheit der Basler Uhr angeführt. Die einen behaupten, es habe einst eine Verschwörung unter den Bürgern gegeben, die zu einer bestimmten Stunde losschlagen wollten, und die Obrigkeit, davon in Kenntnis gesetzt, habe die Uhr eine Stunde vorgestellt, so daß die Aufrührer sich teils zu früh, teils zu spät einfanden und eine heillose Verwirrung entstand. Andere meinen, bei einer Belagerung hätten einst Mißvergnügte zu einer vereinbarten Zeit dem Feind die Tore aufmachen wollen, und nur durch ein Wunder sei die Stadt gerettet worden, indem die Uhr plötzlich eine Stunde vorging. Ein solcher Aberglaube ist höchst natürlich. Es erhöht das Selbstgefühl, an ein Eingreifen der Vorsehung zu glauben. Kein Geringerer als der berühmte Mathematiker Bernoulli hat sich mit dieser Frage befaßt. Er vermutete, man habe die Uhr des Münsters nach einer ungenauen Sonnenuhr gerichtet und die andern Uhren seien gefolgt; aber diese Erklärung befriedigt nicht, denn wenn auch die eine Sonnenuhr fehlerhaft gewesen wäre, hätten doch die andern den Fehler berichtigt. Wolleb meinte, höchstwahrscheinlich sei die Uhr während des Basler Konzils vorgestellt worden, damit die kirchlichen Würdenträger eine Stunde früher zusammentreten konnten, wohl um auf diese Art eine Stunde früher bei ihren Weibern zu sein. Da das Konzil zehn Jahre dauerte, habe sich die abweichende Uhrzeit eingebürgert.[1] Ich fragte, ob denn dieser Mißstand nicht abgestellt werde. Ein gewichtiger Patrizier gab gewichtig zur Antwort, es sei noch kein Jahr her, daß die Frage im Rat behandelt worden sei, und ein Teil der Ratsherren habe gefunden, die Uhr dürfe nicht geändert werden, da der Stadt sonst Unheil drohe. Ist es die Möglichkeit, daß in einem so aufgeklärten Zeitalter sich noch solch finsterer Wahn erhält? Wolleb bemerkte, eine Änderung hätte zur Folge, daß Dienerschaft und Arbeiter morgens länger im

---

1 Heute wird angenommen, die Absonderlichkeit der Basler Uhr sei ein Überbleibsel der mittelalterlichen Art der Stundenzählung gewesen.

Bett lägen, da es ihnen furchtbar vorkäme, um fünf aufzustehen, obwohl sie gegenwärtig um diese Stunde aufstehen, nur daß man es sechs Uhr nennt.

Ich muß noch ein Müsterchen von Wollebs Witz anführen. Als er in England war, sagte er einmal: »Ihr Engländer liebt die Ausländer nicht, und doch verdankt ihr es nur einem Ausländer, daß ihr nicht alle verdammt seid. Es wird niemand bestreiten, daß es eine Erlösung nur durch Christus gibt. – Gewiß nicht. – Nun, Christus war Ausländer. Haha!« Das ist die Witzigkeit eines Kennicott[1].

Montag, 26. November. Basel weckt Erinnerungen an meinen werten Vater in mir, da Erasmus und Frobenius hier gelebt haben.[2] Wolleb machte mir einen Besuch. Wir sprachen von Rousseaus Idee, Kinder erst zu unterrichten, wenn sie zwölf oder vierzehn Jahre alt sind, da sie vorher kein Bedürfnis haben, etwas zu lernen, und keinerlei Zwang auf sie ausgeübt werden sollte. »Vielleicht hat ein Kind aber schon früher Lust, etwas zu lernen«, meinte Wolleb. »Meine Tochter, zum Beispiel. Ich fragte sie jeweils: ›Bist du in der Stimmung dazu?‹ Wenn sie bejahte, gab ich ihr Unterricht, andernfalls ließ ich es bleiben.« Ich erkundigte mich, ob er keinerlei Mittel angewendet habe, ihr gewaltsam Lust zu machen. »Ich muß gestehen, daß ich ihr sagte, sie dürfe nicht allzuoft keine Lust haben.« »Ach«, versetzte ich, »damit verderben Sie alles.«

Nachher besichtigte ich eine Privatsammlung von Bildern, darunter ein paar gute. Im Rathaus sah ich dann ein Altarbild von Holbein, den Leidensweg Christi darstellend, in acht Teilen, von welchen ich eine Beschreibung anfertigte.[3] Dann sah ich mir das Münster an, eines der ehr-

---

1 Offenbar Benjamin Kennicott (1718–1783), der Alttestamentler, der in seinen Streitschriften eine derbe Sprache führte.

2 Lord Auchinleck sammelte und las schöne alte Drucke, und der große niederländische Humanist Erasmus (gest. 1536) war einer seiner Lieblingsschriftsteller. Johannes Froben (gest. 1527), ein berühmter Basler Buchdrucker, war mit Erasmus befreundet und druckte manche seiner Werke.

3 Es liegt kein zwingender Grund vor, diese Beschreibung hier einzurücken; sie ist aber unter Boswells Nachlaßpapieren im Besitz der Yale-Universität vorhanden, in

würdigsten gotischen Bauwerke. Die Kanzel ist aus Stein, mit merkwürdigen Verzierungen. Zu der Zeit, als dieses Münster erbaut wurde, stand der Bibelglauben in Blüte, aber die Sitten lagen im argen. Hier in der Kirche befindet sich beispielsweise ein Schnitzwerk, das einen Mönch darstellt, wie er eben einer Nonne beiwohnt. Wolleb zeigte mir auch eine katholische Kirche an der Rheinbrücke. Über dem Portal ist eine Nische, in der früher eine Statue der Jungfrau Maria stand, und darunter sind die Schenkel einer Frau in Stein gehauen, weit auseinandergespreizt und in all ihrer Blöße deutlich ausgeführt. Da dies Anstoß erregte, hat man es ein bißchen abgeschliffen, aber die *ipsa res* ist noch immer zu sehen. Um zwei gingen wir die reiche Universitätsbibliothek besichtigen, die viele Handschriften besitzt. Ich fragte nach einem Anakreon-Manuskript[1]. Doch, o seltsame Lücke, gerade Anakreon war weder handschriftlich noch gedruckt vertreten. Dafür besitzt die Bibliothek einen kostbaren Schatz in Gestalt vieler Hauptwerke Holbeins, darunter eine Folge von Passionsszenen, noch besser als die im Rathaus, namentlich die Szene, wo der Heiland gefesselt und gegeißelt wird. Im Rathaus ist er eine dürftige, geduckte Erscheinung, wie die eines wirklichen Übeltäters. Hier

zweifacher Ausfertigung: Boswells eigene, mit Bleistift geschriebene Aufzeichnung und eine Abschrift mit Tinte, einige Jahre später von seinem Schreiber, James Brown, hergestellt. Tatsächlich ist es weniger der Inhalt, was diese Aufzeichnung bemerkenswert macht, als vielmehr der Umstand, daß sie mit Bleistift geschrieben wurde. Es gibt von Boswell nicht viel Bleistiftgekritzel. Unter der ganzen großen Masse von Dokumenten im Besitz der Yale-Universität sind wohl nicht mehr als ein Dutzend mit Bleistift geschrieben, obgleich viele derjenigen in Tintenschrift offensichtlich an Orten hingeworfen wurden, wo Schreibpult und Schreibgerät sicher nicht zur Verfügung standen. Anscheinend trug Boswell meistens eine Art Tintenfaß und eine Feder mit sich herum und benutzte lieber seine Taschenfeder als einen Bleistift. – Hans Holbeins Altarbild, das oft als sein Meisterwerk betrachtet wird, befindet sich jetzt im Holbein-Saal des Basler Museums.

1 Boswells Freund und Berater, Sir David Dalrymple, trug sich mit dem Gedanken, eine Ausgabe der griechischen Lyriker zu veranstalten, und hatte Boswell aufgetragen, die Handschriften der Universitätsbibliothek in Leiden, einschließlich einer Anakreon-Handschrift, durchzusehen und ihm über deren Inhalt Bescheid zu geben. Lord Auchinleck, ein tüchtiger Kenner der alten Sprachen, beschäftigte sich ebenfalls eingehend mit Anakreon.

bewahrt er seine Würde auch unter der schmählichen Behandlung durch seine Gegner.[1] Auch ein mächtiger Band Zeichnungen von Holbein ist hier zu sehen; man sollte sie in Kupfer stechen. Ebenso ein *Moriae encomium* von Erasmus, das einem Schulmeister gehörte, in dessen Haus Holbein verkehrte; zum Zeitvertreib versah dieser das Buch mit vorzüglichen Randzeichnungen. Man hat Stiche davon gemacht, die mehrere gedruckte Ausgaben des Werkes zieren. Pah, was für eine Sprache – gedruckte Ausgaben! Geradesogut, könnte man sagen, eine geschriebene Handschrift. Aber ich vertagebuche alles in Eile, so mag man über Fehler hinwegsehen. Um fünf brach ich nach Solothurn auf.

Dienstag, 27. November. Boily, mein Reisegefährte von Straßburg her, legt sich des Nachts schlafen und steht des Morgens wieder auf, in der festen Überzeugung, seine Seele sei etwas Stoffliches. Was für ein Armutszeugnis! Er begleitet mich noch immer. Gestern nächtigten wir in einem Dörfchen. Heute setzten wir die Fahrt auf vortrefflichen Straßen fort. Ringsum standen mächtige Berge und Felsen und von Zeit zu Zeit eine alte Burg.

Nicht übergangen sei, was so ein Schweizer Mädchen auf dem Lande trägt: über einem Unterrock ein kurzes Kleid, das vorne durch Knöpfe oder Schnallen zusammengehalten wird, ein keckes Strohhütchen auf dem Kopf, das Haar dreifach geflochten und in voller Länge herabhängend. Wenn es nicht lang genug ist, wird noch ein Stück schwarzes Band angesetzt, denn bis zu den Fersen, scheint es, muß der Zopf eines Schweizer Mädchens unbedingt gehen.

In Solothurn stieg ich in der »Krone« ab. Ich schickte ein Empfehlungsschreiben von Professor Schmidt in Karlsruhe an Baron de Barthès de Marmorières, Sekretär der französischen Gesandtschaft. Er machte mir seine Aufwartung, und wir kamen ins Plaudern. Ein manierlicher Wicht und sehr

---

1 Die Gemälde und Zeichnungen, die Boswell sah, befinden sich jetzt im Basler Museum. Von den fünf Passionsszenen sollen nur zwei von Holbeins Hand sein.

tüchtig, was schon daraus hervorgeht, daß er der einzige Gesandtschaftssekretär seines Landes ist, der nicht vom Gesandten ausgesucht, sondern vom König entsandt wurde. Er bat mich auf morgen zum Essen bei Seiner Exzellenz. Boily fand sich wieder ein. Wir sind gleichaltrig. »Aber Sie sind viel gereifter als ich«, meinte er. Das trifft zu. Es gereicht mir zur freudigen Genugtuung. Dabei entwickle ich mich täglich noch mehr in dieser Richtung.[1]

Mittwoch, 28. November. Solothurn gefiel mir, ist es doch der erste von Addison in seinem Reisebuch berührte Ort, an den ich komme. Nur daß mein Reiseweg umgekehrt verläuft. Addison ging von Marseille aus und kam schließlich nach Solothurn und den andern Schweizer Städten, mit etwas deutschem Gebiet. Ich fange in Solothurn an und werde schließlich in Marseille landen. Solothurn gewährte mir gewissermaßen ein klassisches Vergnügen, wenn ich mir vergegenwärtige, auf den Spuren des *»Spectator«* zu wandeln. Ich habe Addisons Reisebuch bei mir und werde seine »Bemerkungen«[2] mit jedem Ort, den ich besuche, in Vergleich setzen.

Heute vormittag schlenderte ich durch die Stadt. Ich besichtigte die Jesuitenkirche, die sich im Bau befand, als Addison hier weilte. Da es schon sechzig Jahre her sind, wirkt die Kirche nicht mehr neu. Nach einer Inschrift wurde der Bau der Fassade durch Schenkungen von Ludwig XIV. und Ludwig XV. ermöglicht. Wo einst eine ältere Kirche stand, wird jetzt eine großartige Kathedrale errichtet. Als Addison hier weilte, war eine Kirche im Bau. Jetzt da Boswell hier weilt, findet er dasselbe vor. Wenn das mein Selbstgefühl

---

1 Mit Jakob hatte er an diesem Tag abermals einen Wortwechsel, wie aus dem Merkzettel zu entnehmen: »... Bei der Abrechnung nannte Jakob Francs wiederum Florins. Tadelte ihn. Er sagte: ›Dem Herrn könnte ein solcher Fehler auch unterlaufen.‹ War sehr erbost. Vorsicht. Wahre im Umgang mit dem unverfrorenen Burschen die gehörigen Formen. Keine Scherzreden mit ihm, oder nur sehr selten ...« (Merkzettel, 28. November).

2 *»Remarks on Several Parts of Italy«.* Das Buch war 1705 erschienen.

nicht erhöht! Addison erwähnte zwei toskanische Säulen am Aufgang zur Kirche; eine davon steht noch. Ich bestieg einen Turm und sah auf die Stadt herunter. Groß ist sie nicht. Nachher erging ich mich auf den Stadtmauern. Addison behauptet, die Befestigungen seien durchweg mit Marmor verkleidet. Sie sind allerdings mit einem harten Stein verkleidet, den man für Marmor halten könnte, aber er ist so groß, daß man nicht von Marmor sprechen sollte.

Um zwölf machte ich Herrn von Barthès meine Aufwartung. Er beklagte sich sehr über seine Lage; Solothurn sei politisch gespalten. Die französische Gruppe hasse die spanische, die beiden kommen nicht miteinander aus.[1] Er schimpfte auch auf die Schweizer, sie seien sittlich verkommen und nicht mehr so frankophil wie früher. Er nannte sie ein stumpfsinniges, niedriges Volk. »Der hochgemute Haß der Engländer ist uns lieber«, meinte er, »als derjenige der Schweizer, die uns wie Schlangen hassen.« Er setzte hinzu: *»Un de ces paysans sur sa rude montagne vous dirait que le Roi de Fance peut lui lécher le cul.«* Ich muß das übersetzen. Die Schweizer sind auf Frankreich nicht mehr gut zu sprechen. Das Volk wird gelehrt, die große Monarchie zu verachten, so daß es nichts Ungewöhnliches ist, wenn »ein Bauer auf seinem klotzigen Berg sagt, der König könne ihn am Arsch lecken«.

Ich wurde dem Gesandten vorgestellt, einem großen, schlanken Mann namens Buisson de Beauteville, der ganz französisch wirkte, ganz *formé*. Seine Manieren haben den letzten Schliff. Ich bin Physiognomiker; er ist sicher von guter Art. Hier traf ich auch den Freiherrn Arregger von Wildensteg, dem ich Grüße von Lord Marischal zu überbringen

1 Was Boswell mit dem französisch-spanischen Gegensatz in Solothurn meint, ist nicht klar; im allgemeinen wird angenommen, daß die bourbonischen Monarchien ihre Außenpolitik ziemlich in Einklang gebracht hatten. »Französisch und österreichisch« würde einen besseren Sinn ergeben. Allerdings war das Familienabkommen der Bourbonen neueren Datums, und die Gegensätze, die durch den spanischen Erbfolgekrieg aufgerissen worden waren, bestanden offenbar noch weiter.

hatte. Er hat lange in spanischen Diensten gestanden, schmachtete sogar fünf Jahre in algerischer Gefangenschaft, bis das Lösegeld herabgesetzt wurde, so daß seine Freunde ihn loskaufen konnten. Jetzt lebt er in Solothurn. Die gnädigen Herren der Kantonsregierung und noch andere hatten sich in großer Zahl eingefunden, darunter ein artiger junger Genfer, mit Namen Buisson. Ich unterhielt mich längere Zeit mit ihm. Er gab mir einen Brief an einen gewissen Huber in Genf. »Ihr Genfer«, sagte ich, »ihr habt euch ja gewaltig gemausert. Wenn Kalvin zurückkehrte, würde er euch nicht wiedererkennen.« »Ja«, sagte er, »wahrhaftig, Kalvin würde es nicht gutgehen.«

Arregger nahm mich mit zu einer Gesellschaft im Hause einer Frau von Rhole[1]. Ich blieb eine Weile und begab mich dann nach meinem Gasthof, wo ich zwei Stunden lang schrieb. Um acht kehrte ich zum Gesandten zurück. Er hatte mich gefragt: »Bleiben Sie einige Zeit hier?« Als ich ihm sagte, ich reise schon morgen wieder weg, erwiderte er: »Sie kommen doch am Abend nochmals her?« Wir hatten ein vorzügliches Mittagessen gehabt; das Abendessen war sehr artig. Der Gesandte erwies sich als leutselig. Auch mit seinem Neffen[2] verstand ich mich gut. Ich kam mir vor wie in Paris. Ich bin geschaffen, in dieser glänzenden Großstadt gute Figur zu machen.

[Boswell an John Johnston[3]]

Solothurn, den 28. November 1764

MEIN LIEBER JOHNSTON, der Mensch ist ein merkwürdiges Geschöpf, und es erstaunt mich gar nicht, daß mancherlei

---

1 Vermutlich Maria Anna Ludovica von Roll (geb. 1737), die in Casanovas Erinnerungen eine Rolle spielt.

2 Vermutlich der vorerwähnte Genfer namens Buisson.

3 John Johnston, von Grange, neben W. J. Temple Boswells vertrautester Freund, ungefähr gleichaltrig mit ihm und Rechtsanwalt in Edinburg.

Philosophen sein Wesen zu bestimmen suchten und Pope ein Gedicht über ihn geschrieben hat, da die Philosophen wie auch der Dichter selber Menschen waren. Doch was immer er im Grunde sein mag, ich bin sicher, daß sein Glück und Elend, seine Fähigkeiten und Mängel fast ausschließlich von seinem Standort abhängen. Diesen Abend, Johnston, schlotterst Du vor Kälte in Edinburg, während ich hier in Solothurn des Winters spotte. Du wirst wohl nachdenklich und trübsinnig sein. Ich bin nachdenklich und lebensfroh. Und woher rührt dieser gewaltige Unterschied zwischen zwei Menschen, die sich in manchen Stunden ihres Daseins weniger voneinander unterschieden als die meisten? Nun, von nichts anderem als ihrem Standort. Du bist in einer schottischen Stadt. Ich bin in einer Schweizer Stadt. Du bist in einer dreckigen Stadt, ich in einer saubern. Dein Tag bestand aus demselben Einerlei, meiner aus einem kunterbunten Allerlei.

Ich bin auf den Stadtmauern spazierengegangen. Ich habe von einem Turm aus die Umgebung betrachtet. Ich war in der Jesuitenkirche und in der Franziskanerkirche. Ich habe in einer Gesellschaft Karten gespielt. Ich habe beim französischen Gesandten gespeist. Das wäre mein Tag ...

Mein lieber Johnston, »lebe wohl«, wie die guten Deutschen sagen, und sei versichert, ich bin allezeit Dein aufrichtiger und ergebener Freund JAMES BOSWELL.

Donnerstag, 29. November. Um fünf brach ich auf und hatte eine angenehme Fahrt nach Bern.[1] Jakob freute sich nicht wenig, wieder in seiner Heimatstadt zu sein, nur zwei Meilen von seinem Geburtsort entfernt. Ich stieg im »Falken« ab. Bern ist hübsch, die Häuser sind gut gebaut, außen von Stein, inwendig von Holz, sehr warm. Äußerst bequem sind die einzigartigen Laubengänge beiderseits der Hauptstra-

---

1 Aus den Merkzetteln erfahren wir, daß Boswell bis drei Uhr früh aufgeblieben war, vermutlich um sein Tagebuch nachzuführen.

ßen, beim ärgsten Wetter kann man durch die ganze Stadt gehen, ohne etwas abzukriegen. Heute nachmittag wurde ich wieder von meiner Schwermut befallen. Ich ging aus und fühlte mich sehr unruhig, kehrte dann in den Gasthof zurück, schrieb am Tagebuch und erholte mich wieder.

Freitag, 30. November.[1] Wen treffe ich heute? Niemand anders als Lombach, meinen Utrechter Bekannten. Zuerst stiegen dabei trübselige Erinnerungen in mir auf. Er führte mich nach dem Zeughaus, wo Waffen für hunderttausend Mann aufgestapelt sind, obwohl jeder Bauer verpflichtet ist, seine Ausrüstung in gutem Zustand zu erhalten. Eine solche Anhäufung von Mordwerkzeugen ließ mich ein gewisses Grauen empfinden. Doch will ich mich jetzt nicht in tiefsinnigen Betrachtungen ergehen. Die Waffen hier sind nicht so blitzblank wie die in Basel. Eine riesige Zahl von Rüstungen sind hier zu sehen, auch viele Darstellungen von Bären als des Wappentiers dieses Kantons, der seinen Namen davon herleitet. Bern heißt auf deutsch der Bär.[2] Die Berner haben eine große Vorliebe für dieses Tier. In allen Stadtteilen stößt man auf Bärenfiguren verschiedener Art; in einem Befestigungsgraben werden sogar zwei lebende Bären gehalten. Hoffentlich wird es mir kein guter Katholik verdenken, wenn ich sage, der Bär sei mir wie der Schutzheilige der Bevölkerung vorgekommen.

Ergötzlich ist die Geschichte einer riesigen Holzfigur, die früher in einer der Kirchen stand, als Verkörperung irgendeines Heiligen. Während der Reformation fiel diese Figur nicht dem Bildersturm zum Opfer, sie wurde im Gegenteil auf einem der Stadttore aufgestellt und bedeutete nun Go-

1 »... Bereite dich auf Rousseau vor. Sei gefaßt. Gedenke der Utrechter Betrachtungen. Dann frag ihn, wie o wie dich verhalten hinsichtlich der Tochter deines geschätzten Freundes – – –, der Frau des liebenswürdigen – – –. Setze den Fall, sie drohe ihn zu verständigen. Kurz, verbringe ertragreiche Tage in Môtiers« (Merkzettel, 30. November). Zu dem Verhältnis, auf das er anspielt, siehe unten S. 68–70.

2 Dies ist reine Volksetymologie. Bern hat seinen Namen wahrscheinlich von der alten italienischen Stadt Verona, die als »Bern« in der deutschen Heldensage eine große Rolle spielt.

liath, und auf einem Brunnen gegenüber stellte man einen David auf, der eben mit der Schleuder ausholt.

Lombach speiste mit mir im Gasthof, worauf wir das Münster besichtigen gingen, ein altes gotisches Bauwerk von demselben Baumeister, der auch das Straßburger Münster erbaute. Der Turm hier ist nicht fertig, weil der Baumeister vor der Vollendung zu Tode stürzte.[1]

Dann besuchten wir Oberbibliothekar Sinner, dem ich einen Brief von Schmidt überbrachte. Er zeigte uns die Bibliothek, die zwar reich an Handschriften ist, aber auch keinen Anakreon besitzt. Sinner hat den ersten Band eines Handschriftenkatalogs herausgegeben, der vorbildlich angelegt ist. Von jedem Manuskript steht Titel, Format und wenn möglich Entstehungsjahr verzeichnet, ebenso die Namen der Besitzer. Das ist sehr wertvoll. In den Katalogen anderer Bibliotheken ist bloß der Titel eines Manuskripts angegeben, so daß man nicht weiß, ob es brauchbar ist oder nicht, ohne es selber durchblättert zu haben. Im Katalog der Königlichen Bibliothek zu Paris sind z. B. *»Anacreontis Odae«* aufgeführt; ob es aber ein Werk des fünfzehnten Jahrhunderts oder vor fünfzig Jahren entstanden ist, läßt sich daraus nicht abnehmen.

Ich muß hier einschalten, daß mir in dieser wie auch in allen größeren Bibliotheken, die ich gesehen habe, eine Schenkung von Büchern gezeigt worden ist, die von einem gewissen namenlosen englischen Sonderling stammt, der offenbar ein ausgepichter Freigeist ist, hat er doch seine Sendungen zusammengestellt aus Miltons Prosawerken (die er wohl seinen Dichtungen vorzieht), Tolands Milton-Biographie, Algernon Sidneys Werken und noch mehreren solchen Kosthappen britisch-republikanischen Schrifttums. Die Bücher sind in rotes Saffianleder gebunden und verziert

---

1 Lombach (oder Boswells sonstige Quelle) war schlecht unterrichtet. Das Straßburger Münster ist beträchtlich älter. Der fehlende Turm wurde gegen Ende des 19. Jahrhunderts fertig gebaut.

mit Jakobinermütze, Heugabeln, Dolchen und andern Instrumenten des Volkszorns, alles in Prägedruck, hübsch vergoldet. Mich wundert nur, daß er nicht auch noch Schafott, Richtblock und Beil mit draufgenommen hat. Er hätte ein ganzes Bücherbrett mit der Darstellung des Mordes an Karl dem Ersten ausschmücken können. Indessen verfügt er auch über einen Stempel mit der üblichen Verkörperung Großbritanniens, wie auf unseren Kupfermünzen zu sehen, nur daß er glaubte, noch eine Beschriftung dazusetzen zu müssen: »O schöne Britannia, heil!« Falls Sidney, Milton und Toland die gute Sache nicht wirksam genug vertreten sollten, hat er noch eigene Fußnoten beigefügt und Zitate von seinesgleichen. Sogar eine passende Stelle aus den Dichtungen von Richard Glover hat er herauszuschreiben nicht verfehlt. Kurzum, er hat nicht schlecht zu meiner Erheiterung beigetragen.[1]

Da Jakobs Verwandte unweit der Stadt wohnen, hat er ihnen geschrieben, sie sollten ihn einmal besuchen. Heute fanden sich nun seine Mutter, seine Schwester und drei Brüder ein, die er gut bewirtete. Er bestand darauf, ich solle mich ihnen zeigen, und ich tat ihm den Gefallen, hocherfreut über die schöne Familienszene. Oberst Gruner, ein alter Deutschschweizer, an den ich einen Brief von Schmidt hatte, nahm mich in zwei Vereinigungen mit, wie diejenigen im Haag, und ich brachte ein paar Stunden recht gelangweilt hin. Dann holte mich Lombach zum Abendessen in einem Gasthaus, wo auch ein paar stattliche Marktweiber zu sehen waren, da in Bern gerade Markttag war.

Samstag, 1. Dezember.[2] Zeitig brach ich mit einer guten Kutsche auf und ließ mich in angenehmer Untätigkeit nach

---

1 Der »namenslose englische Sonderling« hieß Thomas Hollis und war ein reicher Mann von republikanischer Gesinnung, der nach Dr. Johnson »sich noch zu einem Atheisten hätte auswachsen können«, wenn ihm dazu Zeit geblieben wäre. Auch amerikanischen Universitäten stiftete er Bücher, und eines der Gebäude der Harvard-Universität ist nach ihm benannt.

2 ». . . Diesen Tag ruhig. Im Gasthof, Tagebuch. Neuenburg, bereite Rousseau vor, bedenklich« (Merkzettel, 1. Dezember).

Neuenburg fahren. Dort schickte ich Oberst Chaillet ein Schreiben, das mir Lord Marischal mitgegeben hatte.[1] Er bat mich zum Abendessen, ich hatte jedoch meinen Hunger bereits mit vorzüglichen Forellen gestillt.

Sonntag, 2. Dezember. Ich machte Oberst Chaillet meine Aufwartung, der sich als ein gemütlicher alter Kämpe erwies. Gespeist habe ich im Gasthof, den »Dreizehn Kantonen«, mit dem Wirt, der Meuron heißt. Ich war etwas unlustig. Um vier holte mich Frau Chaillet ab zum Kartenspiel in einer Gesellschaft.

Montag, 3. Dezember. Ich gab Jakob eine Woche frei, damit er seine Verwandten besuchen könne, was ihn sehr glücklich machte. Ein Ziel, das ich seit meiner Abreise von London nie aus den Augen verloren habe, war, die Bekanntschaft Rousseaus zu machen und mir wenn möglich seine Gunst zu erwerben. Wie man mir gesagt hatte, wohnt er in einem einsamen Tal, etwa fünfzehn Meilen von Neuenburg entfernt. Heute morgen früh machte ich mich auf einem Pferdchen auf, mit einem Reisesack, der ein paar Hemden enthielt. Abraham François, ein hiesiger Kaufmann, schloß sich mir an. Mein Pferd war träge, er lieh mir einen Sporn und seine Peitsche, und wir trotteten gemütlich fürbaß. Er brachte mir ein französisches Lied bei, *»Sous le nom de l'amitié, Phillis, je vous adore«*, zu der Melodie eines Menuetts.[2] Er ergötzte mich, und dieses Ergötzen stand in trefflichem Gegensatz zu dem großen Vorhaben, das mich beschäftigte.

Wir hatten eine schöne, harte Straße inmitten schneebedeckter Berge. In Brot, auf halbem Wege, machten wir Halt.

---

1 George Keith. 10. Lord Marischal von Schottland, war Boswells Reisegefährte auf der Fahrt von Utrecht nach Deutschland gewesen. Seine Karriere ist eine der bemerkenswertesten des 18. Jhdts.: schottischer Jakobit, tritt er in die Dienste Friedrichs d. Gr. und wird sein Gesandter am Hof von Paris und Madrid, 1754 preußischer Gouverneur von Neuenburg (Neuchâtel), wo er Freund und Beschützer Rousseaus wird. Bei Beginn von Boswells Deutschlandreise ist er auf dem Weg nach Potsdam, wo er bis zu seinem Tod 1778 bleiben wird. Von ihm erhält Boswell ein Empfehlungsschreiben an J. J. Rousseau.

2 Aus »La Clé du caveau«, Text von Jean Joseph Vadé, Musik von Adolph Blaise.

Môtiers-Travers
mit dem von Rousseau
bewohnten Haus

Gemälde von Chatelet

Sandoz, der Gastwirt, hat eine hübsche Tochter, ein rechtes Plappermäulchen. »Herr Rousseau kommt oft her«, erzählte sie uns, »und bleibt mehrere Tage hier mit seiner Wirtschafterin, der Le Vasseur[1]. Er ist ein höchst liebenswürdiger Mensch, mit einem schönen Gesicht, hat es aber nicht gern, wenn man ihn anstarrt, als hätte er zwei Köpfe. Du mein Trost, was sind die Leute neugierig! Viele, viele Leute kommen, um ihn zu sehen, und oft weist er sie ab. Er ist krank und will nicht gestört werden. Dort drüben ist ein Paß, auf den ich mit ihm und der Le Vasseur gegangen bin. Wir haben dort gegessen. Oft streift er den ganzen Tag in solch einsamer Gegend umher. Gäste hier bestürmen mich oft mit Fragen: ›Und seine Wirtschafterin, ist sie jung? Ist sie hübsch?‹« Das Gerede der Wirtstochter trug nicht dazu bei, mich zuversichtlich zu stimmen.

Ich hörte von einem Steinmetz hier, der für Voltaire gearbeitet hatte. Auch der größte Dummkopf wird sich an irgendeinen Ausspruch eines bedeutsamen Mannes erinnern, den zu sehen er Gelegenheit hatte. Dieser Steinmetz erzählte mir von einem Karrengaul in Ferney, bei dessen Anblick Voltaire immer gesagt habe: »Armer Klepper, du bist fast so dürr wie ich.« Bei einem solchen Mann hat jede Kleinigkeit ihren Wert.

Abraham François und ich tranken ein Glas Wein und setzten unsern Ritt fort. Wir kamen an einem Ort vorüber, genau wie Killiecrankie, und an einem andern, wo eine Masse von Felstrümmern jeden Augenblick auf uns herabzustürzen drohte. Lange wird es jedenfalls nicht mehr gehen, bis sie herabkommen. Rousseau wohnt in Môtiers. Ein paar Meilen vor diesem Dorf trennte sich Abraham von mir, nachdem ich ihm Sporn und Peitsche zurückgegeben hatte. Eine angenehme Bangigkeit erfüllte mich beim Weiterreiten. Eigentlich wollte ich Rousseau erst sehen, wenn ich die

---

1 Boswell hat hier und anderswo die Schreibung »Vasseur«.

Erlaubnis hatte, ihm meine Aufwartung zu machen. Als ich ein weißes Haus mit grünen Fensterläden sah, kam mir eines in den Sinn, das er im »Emil« erwähnt[1]; ich dachte, er könnte dort wohnen, und schaute weg. Ruhig ritt ich die Straße entlang und stieg im Gasthof ab, der von einer Witwe Grandpierre geführt wird und ihren zwei Töchtern, beides dicke, betuliche Jungfern. Die ältere hieß mich willkommen. »Ich habe meinem Bedienten gestattet, seine Verwandten zu besuchen«, erklärte ich ihr, »ich bin deshalb allein. Sie müssen gut für mich sorgen.« »Wir werden unser bestes tun«, versicherte sie.

Ich erkundigte mich nach Rousseau. Er scheint sich hier aber sehr still zu verhalten; jedenfalls hatte meine Wirtin so gut wie nichts von ihm zu erzählen. Was seine Unzugänglichkeit betraf, darüber hatte ich nachgerade genug gehört. Lord Marischal hatte mir ein paar Zeilen an ihn mitgegeben[2], die mir bestimmt Zutritt verschafften. Von Oberst Chaillet hatte ich eine Empfehlung an den Burgherrn Martinet, der hier die Gerichtsbarkeit ausübt; dieser konnte mich ohne weiteres bei ihm einführen.[3] Als unverbesserlicher Schwarmgeist empfand ich jedoch das Bedürfnis zu erproben, was ich selber wert war. Ich hatte deshalb einen Brief an Rousseau aufgesetzt, in welchem ich ihm mitteilte, ein vierundzwanzigjähriger Schotte aus alter Familie sei hierhergereist, in der Hoffnung, ihn zu sehen. Ich versicherte ihn, daß ich seines Wohlwollens würdig sei, daß ich bereit sei, die Prüfung seines Scharfblicks zu bestehen. Gegen Ende des Briefes ließ ich ihn sehen, daß ich Herz und Seele habe. Alles das gibt freilich keinen Begriff von meinem Brief, der sich weder kürzen noch beschreiben läßt; er ist schlechthin ein Meisterstück. Ich werde ihn immerdar

---

1 Gegen Ende des vierten Buches, wo Rousseau die Art von Haus beschreibt, in dem er am liebsten wohnen möchte.
2 Siehe S. 54.
3 Oberst Chaillets Schreiben ist nicht erhalten.

aufbewahren, als Beweis, daß meine Seele des Erhabenen fähig ist. Ich zog mich um und speiste und ließ meinen Brief bei Rousseau abgeben, wobei ich der Magd auftrug, sie solle sagen, daß sie die Antwort abholen werde. Damit wollte ich ihm etwas Bedenkzeit einräumen, falls er gerade krank sein sollte und geneigt, mich abschlägig zu bescheiden. Bange Erwartung erfüllte mich. Ist das nicht romantischer Überschwang? Konnte ich bei meinen Empfehlungen nicht mit Einlaß rechnen? Konnte ich ihn nicht aufsuchen, wie jeder andere getan hätte? Nein, ich stehe über der breiten Masse. Ich wollte es diesem Kenner des Menschenherzens anheimstellen, unvoreingenommen sein Urteil über meinen innern Wert zu fällen. Man muß mich auf meine eigene Art vorgehen lassen. Gelingt mein kühner Vorstoß, wird mir die Erinnerung daran mein Leben lang wohltun. Aber vielleicht komme ich ihm so selbstgefällig vor oder so absonderlich, daß er vor einem solchen Wesen zurückschreckt und mich nicht empfängt. Dann steh ich schön da, denn mit meinen Empfehlungen getraue ich mich dann nicht mehr aufzuwarten. Doch warum so unsicher und unruhig? Das kommt von meiner betrüblichen Verzagtheit. Wie kann der Verfasser der »Heloise« Anstoß nehmen an der Begeisterung eines arglosen Gemüts? Gewährt er mir aber Einlaß, darf ich nicht aus der Rolle fallen; ich habe ihm nämlich ungemein hochtrabend geschrieben und ihm eine Vorstellung von mir gegeben, an die ich schwerlich heranreichen werde.[1]

1 Diese Stelle läßt einen der bemerkenswertesten Wesenszüge von Boswells Tagebuch erkennen. Sie wurde einige Zeit – vielleicht mehrere Tage – nach den darin geschilderten Vorkommnissen geschrieben. Beim Nachführen des Tagebuchs schreibt Boswell aber selten vom Standpunkt aus, den er zur Zeit der Niederschrift einnimmt. Er versetzt sich immer in den Augenblick des Erlebens zurück, wobei er jede Kenntnis des Kommenden geflissentlich ausschaltet. Dies dürfte unter Tagebuchschreibern sehr selten vorkommen; meistens geben sie den Erlebnissen, die sie aufzeichnen, den Gefühlswert, den diese im Augenblick der Niederschrift haben.

[Boswell an Rousseau. Original französisch[1]]

[Môtiers] Val de Travers, den 3. Dezember 1764

HOCHZUVEREHRENDER, GNÄDIGSTER HERR! Ich bin ein Schotte aus altadligem Geschlecht. Nun kennen Sie meinen Stand. Ich bin vierundzwanzig Jahre alt. Nun kennen Sie mein Alter. Vor sechzehn Monaten habe ich Großbritannien verlassen, als krasser Inselbewohner, kaum ein Wort Französisch sprechend. Ich bin in Holland gewesen und in Deutschland, aber noch nicht in Frankreich; wollen Sie deshalb mein Französisch entschuldigen. Ich reise aus einem echten Bedürfnis nach Fortbildung. Hierhergekommen bin ich, um Sie zu sehen.

Wie ich höre, sind Sie sehr wählerisch, Sie haben schon Leute von hohem Ansehen abgewiesen, wodurch Sie in meiner Achtung noch steigen. Wenn Sie jedermann Einlaß gewährten, dem aus bloßem Dünkel daran liegt, sagen zu können, »ich habe ihn gesehen«, dann wäre Ihr Haus nicht mehr die Klause auserlesenen Geistes und hoher Frömmigkeit, und mich würde nicht so sehnlich danach verlangen, Ihre Schwelle zu betreten.

Sie sehen in mir einen Mann von einzigartigem Verdienst, einen Mann von Herz, von lebhaftem, wenn auch schwermütigem Wesen. Ach, wenn alles, was ich durchgemacht habe, mir nicht einen einzigartigen Wert verleiht bei Rous-

---

1 Unter Boswells literarischem Nachlaß sind mehrere Entwürfe zu diesem Brief aufgefunden worden, die anhangsweise (S. 161–166) mitgeteilt werden, so daß der Leser verfolgen kann, wie viel Mühe es sich Boswell kosten ließ, um genau den Ton naiver Begeisterung zu treffen, den er für geeignet hielt, den Verfasser der »Neuen Heloise« zu bestricken. Auch veranschaulicht die ganze Reihe von Dokumenten, wie rasch Boswell das Schreiben von der Hand ging, selbst wenn er sich anstrengte und in einer Fremdsprache schrieb. Aus den Merkzetteln geht hervor, daß er erst um elf in Môtiers eintraf. Zwischen seiner Ankunft und seinem Auftauchen an Rousseaus Schwelle, was kaum später als fünf Uhr gewesen sein kann, wechselte er das Hemd, speiste, schrieb den Brief zweimal um, entwarf eine erweiterte Fassung der letzten Seite, schrieb sie ab und schlenderte eine halbe Stunde an der Areuse auf und nieder, während er auf Antwort wartete.

seau, warum wurde ich dann geschaffen, wie ich bin? Warum schrieb er so, wie er es getan hat?

Wollen Sie wissen, ob ich Empfehlungen habe? Bedarf es denn solcher bei Ihnen? Empfehlungen sind nötig im Handel und Wandel der Welt, um Leute ohne Scharfblick vor Hochstaplern zu schützen. Sie jedoch, der Sie die menschliche Natur so gründlich erforscht haben, können Sie sich denn in einem Charakter täuschen? Die Vorstellung, die ich von Ihnen habe, ist folgende: abgesehen vom unergründlichen Wesen der Seele sind Ihnen Körper und Geist von Grund auf vertraut in allen ihren Regungen, in allem, was sie bewirken, in allem, was sie aufnehmen können, den Menschen als solchen betreffend. Und trotzdem wage ich es, vor Sie hinzutreten. Ich wage es, mich der Prüfung zu unterziehen. Im Gewimmel von Stadt und Fürstenhof kann man sich verstellen, kann man bisweilen den gewiegtesten Menschenkenner täuschen. Ich für mein Teil setze mich der schwierigsten Probe aus. In der Stille und Einsamkeit Ihrer geheiligten Klause sollen Sie mich beurteilen, und denken Sie, unter solchen Umständen kann ich Ihnen etwas vormachen?

Ihre Schriften haben mein Herz aufgetaut, meine Seele erhoben, meine Einbildungskraft beflügelt. Glauben Sie mir, Sie werden froh sein, mich kennengelernt zu haben. Sie wissen, wie stolz die Schotten sind. Ich komme zu Ihnen, um dadurch eines Volkes würdiger zu werden, das ein Fletcher von Saltoun und einen Lord Marischal hervorgebracht hat.[1] Verzeihen Sie, mich übermannt die Rührung. Ich kann nicht mehr an mich halten. Ach, geliebter Saint-Preux![2] Erleuchteter Mentor! Beredter und liebenswürdiger Rous-

1 Andrew Fletcher von Soltoun (1655–1715) war ein schottischer Vaterlandsfreund, der gegen die Vereinigung der beiden Königreiche gekämpft hatte. Er gehörte zu den Helden Lord Marischals, der Rousseau aufgefordert hatte, sein Leben zu beschreiben.

2 Die Hauptgestalt der »Neuen Heloise«, Lehrer und Liebhaber der Julie.

seau! Mir ahnt, daß heute eine wahrhaft edle Freundschaft geboren wird.

Mit tiefem Bedauern habe ich erfahren, daß Sie oft unpäßlich sind. Vielleicht sind Sie es gerade jetzt. Lassen Sie sich deswegen bitte nicht davon abbringen, mich zu empfangen. Sie werden mich von einer Schlichtheit finden, die keineswegs stört, von einer Herzlichkeit, die Ihnen vielleicht hilft, Ihre Schmerzen zu vergessen.

Ich habe Ihnen viel zu erzählen. Trotz meiner Jugend habe ich mancherlei erlebt, was Sie in Staunen setzen wird. Gegenwärtig befinde ich mich in einer bedenklichen Lage und hoffe sehnlich, der Verfasser der »Neuen Heloise« werde mir mit Rat beistehen. Wenn Sie der Wohltäter sind, für den ich Sie halte, können Sie ihn mir nicht versagen. Gewähren Sie also einem Menschen Zutritt, der zu behaupten wagt, er vediene es, über Ihre Schwelle treten zu dürfen. Schenken Sie Ihr Vertrauen einem Fremden, der nicht ist wie andere. Sie werden es nicht bereuen. Aber ich bitte Sie, seien Sie allein. Ungeachtet meiner Begeisterung und nachdem ich Ihnen das alles geschrieben habe, weiß ich doch nicht, ob ich nicht lieber auf jeden Besuch verzichten würde, als Sie das erste Mal in Gesellschaft zu sehen. Voller Ungeduld erwarte ich Ihre Antwort. BOSWELL

Montag, 3. Dezember [Fortsetzung]. Um mich auf die große Begegnung vorzubereiten, mußte ich allein sein. Nachdenklich schlenderte ich das Ufer der Areuse entlang, in einem wildromantischen Tal, ringsum die ungeheuren Berge, teils mit finsteren Felskuppen, andere mit Tannen bestanden, noch andere mit glitzerndem Schnee bedeckt. Das Labsal der frischen Luft und die ungemeine Landschaft versetzten mich in eine kraftvoll-feierliche Stimmung. Ich rief mir alle meine früheren Vorstellungen von Jean-Jacques Rousseau ins Gedächtnis, die Bewunderung, die ihm in ganz Europa entgegengebracht wird, seine »Heloise«, seinen »Emil«, kurz, einen Schwall bedeutender Gedanken.

Rousseau
Stich von J.-B. Michel, 1765

Diese halbe Stunde war eine der bemerkenswertesten, die ich je erlebt.

Ich kehrte in meinen Gasthof zurück, wo mir die Magd eine Mitteilung von Rousseau übergab, nachstehenden Inhalts: »Ich bin krank, von Schmerzen geplagt, wirklich nicht in einem Zustand, um Besuch zu empfangen. Denjenigen Herrn Boswells kann ich mir jedoch nicht versagen, vorausgesetzt, er ist gewillt, ihn aus Rücksicht auf mein Befinden kurz zu machen.«

Das Wort »kurz« gab mir einen Stich. Doch faßte ich Mut und ging alsogleich hin. Die Jungfer Le Vasseur stand schon unter der Haustüre und nahm mich in Empfang, eine adrette kleine Französin von vieler Lebhaftigkeit, nicht danach angetan, meine Befürchtungen zu vermehren.[1] Sie führte mich eine etwas dunkle Treppe empor und stieß dann eine Tür auf. Schon dachte ich: »Jetzt wirst du ihn sehen« – aber dem war nicht so. Ich trat in ein Zimmer, das als Diele und als Küche dient. Gar manches Bild des einsamen Dichters und Denkers entstand vor meinem innern Auge. Zu guter Letzt ging die Türe zu seinem Zimmer auf, und ich sah ihn vor mir, einen artigen Mann in der schwarzen Tracht eines Armeniers. Beim Eintreten sagte ich, »vielen, vielen Dank«. Nachdem wir die ersten Blicke gewechselt und unsere Verbeugungen gemacht hatten, fragte er: »Wollen Sie Platz nehmen oder lieber mit mir im Zimmer auf und ab gehen?« Ich entschied mich für das letztere, heilfroh, nicht förmlich auf einen Stuhl verwiesen worden zu sein. Dann erkundigte ich mich nach seinem Befinden. Er sagte, es gehe ihm schlecht, aber von den Ärzten wolle er nichts mehr wissen. »Ach ja«, versetzte ich, »von denen halten Sie nicht viel.« Da es mir unmöglich ist, unser Gespräch der Reihe nach genau

---

1 Nach Boswells Beschreibung käme man kaum auf Theresens wahres Alter (dreiundvierzig). Sie muß in ihrem Äußern mehr für sich gehabt haben, als gemeinhin angenommen wird.

wiederzugeben, will ich es gar nicht erst versuchen, sondern aufschreiben, was mir gerade in den Sinn kommt.[1]

BOSWELL. »Der Gedanke an Ihre Werke ist für Sie sicher eine Quelle unendlicher Freude?« ROUSSEAU. »Sie sind mir lieb, aber wenn ich an meine Werke denke, kommt mir so viel Unheil, das sie über mich gebracht haben, wieder in den Sinn, daß ich Ihre Frage wirklich nicht beantworten kann. Und doch haben meine Werke mir das Leben gerettet.« Vom Pariser Parlament sagte er: »Wenn irgendeine Körperschaft mit Schande bedeckt werden könnte, dann diese. Um sie in tiefe Schande zu stürzen, brauchte ich weiter nichts zu tun, als die Verfügung gegen mich und die Menschenrechte Seite an Seite abzudrucken. Ich habe jedoch meine Gründe, es vorderhand nicht zu tun.« BOSWELL. »Vielleicht bekommen wir es später einmal.« ROUSSEAU. »Vielleicht.«

Ich hatte einen scharlachroten Rock mit Goldborte an und eine ebensolche Weste, Beinkleider aus Buckskin und Stiefel. Dazu trug ich einen Überrock aus grünem Kamlot, mit Fuchspelz gefüttert, Kragen und Ärmelaufschläge ebenfalls mit Pelzbesatz.[2] Unter den Arm geklemmt hielt ich einen Dreispitz mit massiver Goldtresse, wenigstens wirkte sie massiv. Den Hut hatte ich schon letzten Winter im Haag. Ich gab mich ganz unbefangen und sprach gut, und wenn Rousseau etwas besonders Treffendes sagte, drückte ich ihm die Hand oder klopfte ihm auf die Schulter. Ich tat mir gar keinen Zwang an. Als ich merkte, daß ich ihm wirklich gefiel,

---

1 Boswell hielt diese Unterhaltungen mit Rousseau auf seinen Merkzetteln stichwortartig fest, auf französich, und trug sie dann ins Tagebuch ein, wobei er für Rede und Gegenrede beim Französischen blieb. Aber auch im Tagebuch sind sie nicht ausgeführt in der Art der Gespräche im Londoner Tagebuch 1762/63. Er gibt nicht immer deutlich an, wer spricht, und in ihrer gedrängten Form wirken seine Aufzeichnungen oft zusammenhanglos, was für die sorgfältig ausgearbeiteten Teile des Tagebuchs nicht gilt. Hier wurde vom Herausgeber dem Gesagten jeweils der Name des Sprechenden vorangestellt.

2 Denselben Rock und Überrock trug Boswell, als er sich im folgenden Mai in Rom von George Willison malen ließ. Siehe die Abb. auf S. 8 dieser Ausgabe.

sagte ich: »Ist Ihnen bekannt, daß ich an Sie empfohlen bin, und zwar von jemand, den Sie sehr schätzen?«

ROUSSEAU. »Ach, von Lord Marischal?« BOSWELL. »Gewiß. Lord Marischal hat mir ein paar Zeilen mitgegeben, um mich bei Ihnen einzuführen.« ROUSSEAU. »Und Sie wollten nicht gerne davon Gebrauch machen?« BOSWELL. »Ich wollte einen Beweis meines eigenen Verdienstes.« ROUSSEAU. »Durch eine Empfehlung von Lord Marischal bei mir Zutritt zu erlangen, wäre allerdings in keiner Hinsicht verdienstlich gewesen. Was immer er mir schickt, wird mir willkommen sein. Er ist mein Schutzherr, mein Vater, ich darf wohl sagen, mein Freund.«[1] Was mich einigermaßen in Verlegenheit setzte, war der Umstand, daß ich das Briefchen in Neuenburg gelassen hatte. Doch das Bewußtsein der arglosen Redlichkeit gibt einem ein freies Benehmen, das sich nicht erkünsteln läßt. Ich sagte zu Rousseau: »Um die Wahrheit zu gestehen, ich habe vergessen, den Brief mitzubringen; Sie glauben es mir doch aufs Wort?«

ROUSSEAU. »Gewiß doch. Alle möglichen Leute haben sich bereit gezeigt, mir auf ihre Art dienlich zu sein; Lord Marischal war es auf die meine. Er ist der einzige Mensch auf Erden, dem ich Dank schulde.« Ferner sagte er: »Wenn ich von Königen spreche, nehme ich den König von Preußen aus. Das ist ein König für sich, ein Sonderfall. Die Kraft, die er hat! Ja, darauf kommt es an, Kraft zu haben – auch die Kraft, zu hassen. Stoff, um etwas daraus zu machen, findet sich immer. Aber wenn die Kraft fehlt, wenn alles klein und verzettelt ist, dann ist keine Hoffnung. Die Franzosen zum Beispiel sind ein schäbiges Volk.« BOSWELL. »Und die Spanier?«

---

1 Über Lord Marischal schrieb Rousseau in seinen »Bekenntnissen«: »Wieviel Tränen der Rührung habe ich oft auf meinem Wege vergossen, wenn ich der väterlichen Güte, der liebenswürdigen Tugenden und der milden Lebensweisheit dieses ehrwürdigen Greises gedachte! Ich redete ihn als meinen Vater an, er mich als sein Kind. Diese Namen geben eine schwache Vorstellung von unserer gegenseitigen Zuneigung, lassen aber noch nicht ahnen, wie sehr uns der Umgang miteinander zum Bedürfnis und unaufhörlichen Verlangen geworden war.«

ROUSSEAU. »Ja, in Spanien findet man noch Seelengröße.« BOSWELL. »Auch in Schottland, in den Bergen. Aber seit der verwünschten Vereinigung, ach –« ROUSSEAU. »Das war das Ende.« BOSWELL. »Allerdings. Aber ich muß Ihnen von einer Freude erzählen, die mir Lord Marischal gemacht hat. Er nennt Sie im Gespräch Jean-Jacques, aus Anhänglichkeit. Da sagte er also zu mir: ›Jean-Jacques ist der dankbarste Mensch, den es gibt. Er wollte eine Lebensbeschreibung meines Bruders verfassen, ich bat ihn jedoch, lieber das Leben Fletchers von Saltoun zu beschreiben, und er versprach mir, es zu tun.‹«[1] ROUSSEAU. »Freilich, das werde ich mit dem größten Fleiß und Vergnügen tun. Die Engländer werde ich dabei vor den Kopf stoßen, ich weiß. Aber was tut's? Können Sie mir Genaueres über den Charakter derjenigen verschaffen, die die Vereinigung zustande brachten, und Einzelheiten, die man bei den Geschichtsschreibern nicht findet?« BOSWELL. »Gewiß, aber nur mit der Voreingenommenheit eines Erzschotten.« ROUSSEAU. »Versteht sich.«

Von den kirchlichen Würdenträgern sagte er: »Wenn einer dieser Herren eine neue Auslegung von etwas Unbegreiflichem liefert, wobei es so unbegreiflich bleibt wie zuvor, dann schreit alles, ›ein großer Mann!‹ Diese Wichte[2] behaupten, keine einzige theologische Frage dürfe man außer acht lassen, jeder Stein in Gottes Gebäude, dem mystischen Jerusalem, sei als heilig anzusehen. ›Es sind aber neue Steine hinzugekommen. – Los, trag das da ab, und das dort auch! Jetzt seht ihr, an dem Gebäude fehlt nichts, und es ist gar nicht nötig, daß ihr da steht, um es vor dem Einsturz zu bewahren.‹ ›Wir wollen aber selber unentbehrlich sein.‹ Ah! – Sie sehen nicht den Bären vor sich, von dem Sie gehört haben. Ich mache mir zwar nichts aus der Welt der Leute. Ich

1 Trotz seiner Bewunderung für Rousseau verkannte Lord Marischal nicht, wie gefährlich es war, ihn als Biographen zu haben; er trug begreifliche Bedenken, ihm den Nachruf seines geliebten Bruders, des Marschalls Keith, anzuvertrauen.

2 Die katholischen Theologen, offenbar. Die nächsten beiden Sätze würden dann die Entgegnung der Erneuerer darstellen.

lebe hier in einer Welt von Gedankengespinsten, und die Welt, wie sie ist, kann mir gestohlen werden.« BOSWELL. »Wenn Sie aber auf versponnene Menschen treffen, machen Sie sich aus denen auch nichts?« ROUSSEAU. »Ach, die haben nicht dieselben Gespinste wie ich. – Ihr Land ist für die Freiheit geschaffen. Ihre Lebensgewohnheiten sagen mir zu. Sie und ich, als freie Menschen, können hier gemeinsam herumgehen, ohne zu reden. Zwei Franzosen könnten das nie. Die Menschen sind mir zuwider. Wie meine Wirtschafterin mir sagt, bin ich immer viel besser aufgelegt, wenn ich einen Tag allein gewesen bin, als wenn ich Gesellschaft gehabt habe.« BOSWELL. »Es ist schon viel gegen Sie geschrieben worden.« ROUSSEAU. »Man hat mich nicht verstanden. Was diesen Herrn Vernet in Genf betrifft, das ist ein Erzjesuit, mehr ist über ihn nicht zu sagen.«[1]

BOSWELL. »Sagen Sie mir, finden Sie nicht, daß ich der Beschreibung entspreche, die ich von mir gegeben habe?« ROUSSEAU. »Es ist noch zu früh, um mir darüber ein Urteil zu bilden. Der Schein spricht jedoch ganz zu Ihren Gunsten.« BOSWELL. »Ich fürchte, ich bin schon zu lange hier. Es wird mir eine Ehre sein, morgen wiederzukommen.« ROUSSEAU. »Ach, was das anbetrifft, da kann ich noch nichts sagen.« BOSWELL. »Ich werde mich in aller Stille hier im Dorf aufhalten. Wenn Sie mich empfangen können, wird es mich außerordentlich freuen; wenn nicht, werde ich nicht aufmukken.« ROUSSEAU. »Lord Marischal weiß trefflich Bescheid, wie einem zumute ist, beim Alleinsein nicht weniger als in

---

1 Jacob Vernet, Pastor und Professor in Genf, hatte gesprächsweise beanstandet, daß Rousseau sich zwei Jahre zuvor von Pfarrer Montmollin das Abendmahl reichen ließ. Obwohl selber nicht besonders unduldsam, fand er doch, Rousseaus religiöse Anschauungen seien mit strengem Kalvinismus ebenso unvereinbar wie mit dem Katholizismus; zum Abendmahl zu gehen, verrate deshalb Unaufrichtigkeit. Es besteht jedoch Grund zur Annahme, daß Boswell sich verhört hat und daß der Erzjesuit ein anderer Geistlicher ähnlichen Namens war, Jacob Vernes, der die »Briefe über das Christentum Jean-Jacques Rousseaus« entworfen hatte, die gleichsam die offizielle Kritik der Genfer Geistlichkeit an Rousseau darstellten. Bedeutsam mutet an, daß Rousseau die Schrift, »Wie die Bürger sich dazu stellen« (»Le sentiment des citoyens«, siehe S. 27 und 152), Vernes zuschrieb.

Gesellschaft. Ich werde überlaufen von Leuten, die nichts anderes zu tun haben.« BOSWELL. »Und was tun sie, wenn sie hier sind?« ROUSSEAU. »Sie machen Komplimente. Auch mit Briefen werde ich überschwemmt. Und jeder Briefschreiber wähnt, er sei der einzige.« BOSWELL. »Es erstaunt Sie wohl sehr, daß jemand, der nicht die Ehre hat, Sie zu kennen, sich herausnimmt, Ihnen zu schreiben?« ROUSSEAU. »Es erstaunt mich gar nicht. Schließlich habe ich gestern einen ähnlichen Brief bekommen und vorgestern auch und überhaupt schon unzählige Male.« BOSWELL. »Gehorsamer Diener. – Wie, Sie kommen mit?« ROUSSEAU. »Nein, ich komme nicht mit. Ich gehe nur auf den Gang hinaus. Leben Sie wohl.«

Es gewährt mir innige Genugtuung, vermerken zu können, daß ich der Darstellung, die ich ihm von mir gegeben, nichts schuldig geblieben bin, daß ich mir bei dem berühmten Rousseau bestimmt Ansehen verschafft habe. Ein seltsames Gefühl beschlich mich, nachdem ich den Schriftsteller, an den ich so oft gedacht, nun endlich gesehen hatte. Ich setzte mich sogleich hin und schrieb an Dempster. Es wurde reichlich spät.

[Boswell an George Dempster[1]]

[Môtiers] Val de Travers, den 3. Dezember 1764

MEIN LIEBER DEMPSTER, wo glaubst Du, daß ich gegenwärtig bin? In dem Dorf, das Rousseau beherbergt. Heute um die Mittagszeit traf ich hier von Neuenburg her ein, um den großen Einsiedler aufzusuchen. Ich hatte sattsam davon gehört, wie unzugänglich er sei, was mich aber nicht im mindesten abschreckte. Ich schrieb ihm einen Brief, der seine Wirkung nicht verfehlen konnte, da ich ihm darin eine Darstellung meiner selbst gab und Anspruch erhob auf seine

1 George Dempster, ein schottischer Rechtsanwalt mit kleinem Vermögen, acht Jahre älter als Boswell, seit 1761 Unterhausabgeordneter.

Wertschätzung als auf etwas, das mir zustehe. Im Tone männlicher Zuversicht schrieb ich ihm, ich scheue seinen prüfenden Scharfblick nicht.

Dempster, ich bin bei ihm gewesen. Er empfing mich mit vieler Höflichkeit. Wenn Du zwanglose Vornehmheit sehen willst, besuche den Verfasser der »Heloise« ... Ich mache mich nicht anheischig, Dir in einem flüchtigen Brief einen Begriff von unserem Gespräch zu geben. Nur eines sei hier festgehalten: die Korsen haben sich tatsächlich an Rousseau gewandt mit dem Ersuchen, er möge ihnen eine Verfassung entwerfen. Seine Antwort lautete: »Ich hätte wohl Lust dazu, aber es übersteigt meine Kräfte.« Der französische Gewaltstreich bricht ihm wahrscheinlich das Herz ...[1] Ach, Dempster, wie schmerzlich war es für mich, Rousseau in Not zu sehen, und doch dauerte es anderthalb Stunden, ehe ich ans Weggehen dachte. Wir haben ein Abkommen getroffen. Ich werde mich in aller Stille ein paar Tage hier im Dorf aufhalten, und er wird mich vorlassen, soweit sein Befinden es gestattet. Ich bin hier in einem wild-

---

1 Die Erörterung der korsischen Frage wird weder auf den Merkzetteln noch im Tagebuch erwähnt, hat aber sicher stattgefunden und erwies sich auf die Dauer für Boswell als das wichtigste Ergebnis seiner Unterredungen mit Rousseau. Korsika hatte sich schon lange gegen die Republik Genua erhoben und unter der Führung eines bemerkenswerten Generals und Diktators, Pasquale de Paoli, so gut wie selbständig gemacht. In Rousseaus »Gesellschaftsvertrag« findet sich eine Bemerkung, es gebe nur noch ein Land in Europa, das einer gerechten Gesetzgebung fähig sei, und das sei Korsika. Matteo Buttafoco, ein korsischer Offizier in französischen Diensten, gelangte mit dem Ansinnen an Rousseau, nach Korsika zu kommen und für die Insel eine Verfassung zu entwerfen. Paoli erfuhr von diesem Schreiben wahrscheinlich erst, nachdem es abgegangen war, und hatte ohnehin nicht die Absicht, jemandem bei der Ausarbeitung einer Regierungsform für Korsika freie Hand zu lassen, unterstützte aber die Einladung an Rousseau, auf die Insel zu kommen, in der Hoffnung, an Rousseau einen Historiker und Propagandisten zu gewinnen. Rousseau hatte Buttafocos Schreiben erst kurz vor Boswells Besuch erhalten. – Mit dem »französischen Gewaltstreich« verhielt es sich folgendermaßen: Genua hatte nachgerade die Herrschaft über die ganze Insel verloren, mit Ausnahme gewisser befestigter Küstenorte, die von den Aufständischen in Ermangelung von Schiffen und Geschützen nicht eingenommen werden konnten. Gewissermaßen zur Begleichung einer Schuld an Genua übernahm Frankreich die Verteidigung dieser Küstenorte. Vorläufig hatten die französischen Truppen auf Korsika aber noch keinen Versuch unternommen, anderes als in genuesischer Hand befindliches Gebiet zu besetzen.

romantischen Tal inmitten hoher Berge und überaus glücklich. Dies schreibe ich teils aus verzeihlicher Eitelkeit, teils aus dem Bedürfnis heraus, die Freude mit Dir zu teilen. Lebe wohl, Dempster, gute Verrichtung im Parlament.

BOSWELL

Dienstag, 4. Dezember. Nach einem Rundgang im Tal klopfte ich bei Rousseau an. Die Le Vasseur war ausgegangen, so daß mir niemand aufmachte. Ich traf sie auf der Straße; sie sagte: »Herr Rousseau wird Sie heute nachmittag benachrichtigen, wann er sie sehen kann.« Ich speiste an der gemeinsamen Mittagstafel mit einem Pariser namens Durey, Sohn eines reichen Finanzmanns; er hatte außer Landes gehen müssen wegen *lettres de cachet,* die auf Betreiben seiner Schwester gegen ihn ausgestellt wurden, da diese, mit einem Bonzen verheiratet, sich des ganzen väterlichen Vermögens bemächtigen will. Dieser Durey ist indessen ein trauriger Wicht. Er hat eine Menge Geld an Frauen verschwendet und an unsinnige Pläne für den jungen Prätendenten. Daneben schriftstellert er, schreibt ins *»Journal encyclopédique«* und arbeitet sogar ein ganz neuartiges Erziehungssystem aus. Dieses letztere ist noch nicht ans Licht getreten. Schwach wird das Licht sein, das es verbreitet – »kein Licht, vielmehr sichtbare Dunkelheit«.[1] Durey hat sich hier in Môtiers eingenistet und speist im Gasthof, sofern er nicht irgendwo eingeladen ist.

Ich habe noch einen Tischgenossen, Herrn de Turo, der in der Nähe ein Gut besitzt, ein weitgereister, kenntnisreicher junger Mann von großer, kräftiger Gestalt. Mit der Schrulligkeit eines englischen Sonderlings hat er sich diesen Dorfkrug als ständigen Wohnsitz erkoren. Die Einwohner haben ihn zu ihrem Amtmann ernannt, was ihn zwar mit geringer Machtbefugnis, aber doch mit genügend Wichtigkeit ausstattet, um ihn äußerst hochnäsig einherkommen

1 »Das verlorene Paradies«, I, 64.

zu lassen. Ich habe selber mit angesehen, wie er einem Bettler höchst würdevoll einen Passierschein bewilligte. Er hält sich ein Rudel Hunde und geht meistens in die Berge auf die Jagd. Es heißt, er habe ein Verhältnis mit der jüngsten der Wirtinnen hier. Vielleicht habe ich ihm mit der Schreibung seines Namens einen Unglimpf angetan. Vielleicht schreibt er sich Thurot und ist verwandt mit dem tapferen Kapitän Thurot, der während des letzten Kriegs in schottischen Küstengewässern Angst und Schrecken verbreitete! Nach Tisch machte ich Martinet, dem Burgherrn, meine Aufwartung, der sich als ein gescheiter und gemütlicher Mann erwies. Er bat mich zum Abendessen.

Um fünf begab ich mich zu Rousseau, den ich besser aufgelegt fand als gestern. Wir lachten darüber, daß ihn die Mamsell Le Vasseur unter Schloß und Riegel verwahre. Im Bestreben, sich zu verteidigen, sagte sie, er habe ja noch eine andere Türe, durch die er hinauskönne, worauf er versetzte, sie könne doch rein gar nichts für sich behalten.

Er gab mir eine Beschreibung des Abbé de Saint-Pierre: »Ein Mann, der Gutes tat, weil er nun einmal Gutes tun wollte – nicht aus Schwärmerei. Man könnte sagen, er sei leidenschaftlich vernünftig gewesen. Zu einer Besprechung kam er immer wohlversehen mit Notizen[2] und pflegte zu sagen: ›Für dies werde ich Hohn und für das werde ich Spott ernten.‹ Es war ihm ganz einerlei. Alles, bis zur lächerlichsten Lappalie, mußte bei ihm durchdacht sein. So trug er zum Beispiel seine Uhr an einem Rockknopf aufgehängt,

---

1 »Herr de Turo« war vermutlich Charles Auguste du Terreaux, Bürgermeister im benachbarten Les Verrières. Rousseau hatte nichts für ihn übrig; er hat ihn im letzten Buch der »Bekenntnisse« angeprangert. – François Thurot, französischer Marineoffizier, befehligte eine Flottille, die den englischen Handelsverkehr stören sollte, und wußte sich zwei Jahre lang einer gewaltigen englischen Übermacht zu entziehen. Bei einem aussichtslosen Gefecht unter der irischen Küste wurde er am 28. Februar 1760 tödlich verwundet.

2 Zweifelhaft. Bei Boswell heißt es: »on le voyoit à porter des mémoires« (Geoffrey Scott); »he would come to a discussion armed with notes« (Frederick A. Pottle).

weil das bequemer sei. Da ihm die Ehe verschlossen war, hielt er sich Buhlweiber und machte auch kein Hehl daraus. Er hatte mehrere Söhne, die nur einen streng nützlichen Beruf ergreifen durften: so gestattete er es keinem, Perückenmacher zu werden. ›Solange nämlich die Natur uns mit Haar versorgt‹, meinte er, ›bleibt die Perückenmacherei etwas höchst Unsicheres.‹ An die Meinung der Leute kehrte er sich gar nicht, er behauptete, sie seien doch nur übergroß geratene Kinder. Nachdem er seinen Besuch bei einer Dame lang ausgedehnt hatte, sagte er zu ihr: ›Gnädige Frau, ich sehe, ich falle Ihnen beschwerlich, aber das ist für mich unwesentlich. Ich finde Sie unterhaltsam.‹ Eine der Kreaturen Ludwigs XIV. veranlaßte, daß er aus der Akademie ausgestoßen wurde, einer Rede wegen, die er dort gehalten hatte. Trotzdem war er ständig bei dem Mann auf Besuch. ›Er hat nur seinen eigenen Vorteil wahrgenommen‹, meinte er, ›das kann ich ihm nicht verübeln. Ich finde ihn unterhaltsam. Er hat keinen Grund, mir etwas nachzutragen. Ich hätte ihm etwas nachzutragen, aber ich bin nicht nachträgerisch.‹ Kurz, er machte dem betreffenden Mitglied der Akademie weiterhin seine Besuche, bis dieser dem ein Ende setzte, weil es ihm peinlich war, einen Mann bei sich begrüßen zu müssen, den er geschädigt hatte. Er war ein kluger Kopf, schrieb aber schlecht: langatmig und unklar, wenn er gleich den Beweis für seine Behauptungen nie schuldig blieb. Bei den Frauen hatte er Glück. Er ging seinen eigenen Weg und verschaffte sich Ansehen. Wenn Sie ins Unterhaus kommen, trachten Sie danach, es dem Abbé de Saint-Pierre gleichzutun.[1] Halten Sie an Ihren Grundsätzen fest.«

---

1 Dies deckt sich zum großen Teil mit dem, was Rousseau im »Emil« von Saint-Pierre gesagt hat. Er hatte ihn nur flüchtig gekannt und erst am Ende seines langen Lebens, hatte jedoch seine umfangreichen Manuskripte durchgesehen, in der Absicht, eine Ausgabe seiner Werke zu veranstalten. Was schließlich entstand, war lediglich Zusammenfassung und Kritik zweier Hauptwerke, aber auf sein eigenes Denken hat die Beschäftigung mit Saint-Pierre stark abgefärbt.

BOSWELL. »Dazu muß man aber wohlunterrichtet sein.« ROUSSEAU. »Allerdings, man muß einen gutausgestatteten Gehirnkasten haben.« BOSWELL. »Ein Abgeordneter, der immer Treu und Redlichkeit übt, wird aber als harmloser Irrer belächelt.« ROUSSEAU. »Dann müssen Sie eben ein harmloser Irrer von einem Abgeordneten sein, und glauben Sie mir, ein solcher wird Achtung genießen – vorausgesetzt, er hält folgerichtig an seinen Grundsätzen fest. Wenn einer sich stets nach dem Winde dreht, das ist etwas anderes.«

Er sprach von seinem »Plan zu einem ewigen Frieden, nach dem Abbé de Saint-Pierre«. Ich gab ohne weiteres zu, die Schrift nicht gelesen zu haben. »Nein?« sagte er und holte ein Exemplar vom Büchergestell herunter und schenkte es mir. Ich fragte ihn leichthin, ob er nicht seinen Namen daraufsetzen wolle, aber er lachte mich bloß aus. Ich erzählte ihm dann von dem deutschen Album, das man mir aufgedrängt habe; außer der Person, von der ich es erhielt, habe noch niemand etwas hineingeschrieben. »Dann ist Ihr Album noch *album*«, versetzte er schlagfertig. Eine Kostbarkeit, ein Wortspiel von Rousseau.[1] Er sagte: »In Frankreich habe ich Bergschotten gekannt. Ich bin ein großer Freund der Schotten, nicht weil Lord Marischal zu ihnen gehört, vielmehr weil er sie rühmt. *Sie* sind mir lästig. Das liegt in meiner Natur. Ich kann es nicht ändern.« BOSWELL. »Tun Sie sich meinetwegen keinen Zwang an.« ROUSSEAU. »Gehn Sie weg.«

Die Mamsell begleitete mich immer zur Türe. »Schon seit zweiundzwanzig Jahren bin ich jetzt bei Herrn Rousseau«, sagte sie heute. »Nicht um alles in der Welt möchte ich meine Stellung aufgeben. Ich suche aus seinen guten Ratschlägen Nutzen zu ziehen. Falls er sterben sollte, muß ich ins Kloster gehen.« Sie ist ein guten Geschöpf; die Treue, die sie einem so wertvollen Menschen hält, ist ihr hoch anzurech-

1 *Album* ist lateinisch und heißt »weiß« oder »blank«.

nen. Seine Einfachheit ist etwas Schönes. Er hat die Le Vasseur und ihre Mutter bei der Entstehung der »Heloise« und des »Emil« zu Rate gezogen.[1]

Abends war ich bei Martinet zu Tisch. »Wir beide sind allein«, sagte er, »um von Lord Marischal sprechen zu können und von nichts anderem.« Es war gemütlich.

Mittwoch, 5. Dezember. Als ich Rousseau heute vormittag aufsuchte, sagte er: »Es tut mir leid, mein Bester, daß ich mich heute nicht mit Ihnen unterhalten kann, wie ich es gerne möchte.« Ich ging über solche Ausflüchte geflissentlich hinweg und brachte das Gespräch alsogleich in Gang, indem ich ihm erzählte, wie ich einst zum Katholizismus übergetreten war und mich mit dem Gedanken trug, in einem französischen Kloster unterzutauchen. »Welch ein Unsinn!« rief er. »In meiner Jugend war ich auch katholisch.[2] Ich wechselte den Glauben und dann wechselte ich wieder zurück. Bei einem Aufenthalt in Genf wurde ich wieder protestantisch. Wenn ich mich unter Katholiken be-

---

1 Boswell, der Frauen von Theresens Schicht für sich einzunehmen wußte, hatte sie bereits auf seine Seite gebracht. Der Merkzettel verzeichnet noch als zu ihrer Rede gehörig: »Sie können am Vormittag und am Nachmittag kommen«, und Boswells Kommentar: »Sie deine Freundin.«

2 Von Boswells Übertritt ist nichts Genaueres bekannt. Selbst in dem für Rousseau bestimmten Abriß seines Lebens, von dem bald die Rede sein wird, drückt er sich nicht deutlicher aus als hier. Rousseaus unstete Bahn ist besser belegt. Erzogen wurde er im kalvinistischen Glauben. Als er 1728 im Alter von sechzehn Jahren durchbrannte, kam er nach Annecy in Savoyen, wo sich Frau von Warens seiner annahm, die kurz zuvor zum Katholizismus übergetreten war und nun andere zu bekehren suchte. Auf ihr Betreiben trat er ins Hospital zum Heiligen Geist in Turin ein, wo er elf Tage nach seiner Ankunft getauft und in den Schoß der römisch-katholischen Kirche aufgenommen wurde. Seine Schilderung dieses Lebensabschnittes hat eine der glänzendsten und widerlichsten Stellen in den »Bekenntnissen« ergeben. Bis 1742 blieb er unter dem Einfluß der Frau von Warens (seiner *maman*, Beschützerin und Geliebten), ein allem Anschein nach guter Katholik. Während der nächsten zwölf oder dreizehn Jahre wandelten sich in Paris seine Anschauungen unter dem Einfluß der Enzyklopädisten im Sinne eines gefühlsbetonten Deismus. Aus Anlaß eines kurzen Besuches in Genf nahm er 1754 das Abendmahl in seiner Landeskirche, wahrscheinlich eher in Bekundung seines staatsbürgerlichen als seines kirchlichen Glaubens. Seine religiösen Anschauungen hat er ausführlich dargelegt im »Glaubensbekenntnis eines savoyischen Vikars«, dem vierten Buch des »Emil«, das, wie bereits bemerkt, bei Kalvinisten und Katholiken gleicherweise Anstoß erregte.

wegte, sagte ich zu ihnen: ›Ich gehöre nicht mehr zu euch‹, und kam ausgezeichnet mit ihnen aus.« Ich hielt ihn mitten im Zimmer an und fragte ihn: »Sagen Sie mir doch aufrichtig, sind Sie ein Christ?« Forschend ruhte mein Blick auf ihm. Seine Miene war nicht weniger bewegt. Beide standen wir da und musterten einander. Dann schlug er sich an die Brust und erwiderte: »Ja, ich bilde mir ein, es zu sein.« BOSWELL. »Die Seele findet ihre Zehrung nirgends als im Evangelium.« ROUSSEAU. »Ich spüre das. All die Einwände können mir nichts anhaben. Ich bin schwach, vielleicht gibt es Dinge, an die ich nicht heranreiche, oder derjenige, der sie aufzeichnete, hat vielleicht einen Fehler gemacht. Ich sage Gott Vater, Sohn und Heiliger Geist.«[1]

BOSWELL. »Sagen Sie mir doch, neigen Sie zu Anfällen von Schwermut?« ROUSSEAU. »Von Natur aus nicht. Früher war ich die Seelenruhe selbst, erst mein mannigfaches Unglück hat mich vergrämt.« BOSWELL. »Ich für mein Teil neige sehr zu krankhafter Schwermut. Und wie kann ich je glücklich sein, ich, der ich so viel auf dem Gewissen habe.« ROUSSEAU. »Fangen Sie ein neues Leben an. Gott ist gut, denn er ist gerecht. Tun Sie Gutes. Damit werden Sie Ihre Schuld tilgen. Sagen Sie sich am Morgen: ›Nur tapfer, jetzt heißt es Missetaten abbüßen.‹ Sechs wohlverbrachte Jahre, und Sie haben alles Böse abgebüßt, das Sie je begangen.« BOSWELL. »Was halten Sie denn von Klöstern, Kasteiung und dergleichen Heilmitteln?« ROUSSEAU. »Mummenschanz, samt und sonders, von Menschen ausgedacht. Lassen Sie sich nicht vom Urteil der Menschen bestimmen, sonst werden Sie dauernd hin

---

1 Das klingt bedeutend strenggläubiger als der savoyische Vikar, aber Boswell hat wahrscheinlich einige Einschränkungen übergangen. Nach Rousseaus Lehre beruht die allgemeinmenschliche Religion auf drei Glaubensartikeln: Existenz eines gütigen Gottes, Willensfreiheit und Unsterblichkeit der Seele. Außerdem tue man gut daran, von der landesüblichen Religion anzunehmen, was immer sich mit allgemeiner Duldsamkeit verträgt. Hier will er wahrscheinlich sagen: »Ich habe nichts dagegen, die christliche Formel der Dreifaltigkeit nachzubeten, obwohl ich dergleichen Dogmen als ungesichert betrachte und jeden Versuch, sie als alleinseligmachend zu erklären, verabscheue.«

und her geworfen. Stellen Sie nicht auf das Denken anderer ab, erstens können diese sich ebensogut irren wie Sie, und dann kann man nie wissen, ob sie einem ihre wahren Gedanken verraten; Eigennutz oder bloßer Brauch läßt sie vielleicht anders reden, als sie in Wirklichkeit denken.« BOSWELL. »Wollen Sie es übernehmen, mir Anweisung zu geben?« ROUSSEAU. »Das kann ich nicht. Ich kann nur mein eigenes Leben verantworten.« BOSWELL. »Aber ich komme wieder.« ROUSSEAU. »Ich verspreche nicht, daß ich Sie empfange, von Schmerzen geplagt, wie ich bin. Jeden Augenblick brauche ich den Nachttopf.« BOSWELL. »Sie werden mich schon empfangen.« ROUSSEAU. »Scheren Sie sich weg und gute Reise.«

Ungefähr um sechs brach ich auf.

[ANMERKUNG DES HERAUSGEBERS: Der Leser mag sich fragen, was denn Boswell in der Zeit zwischen dem Ende seiner Unterredung mit Rousseau, kurz nach Mittag, und seinem Aufbruch um sechs Uhr mit sich angefangen hat. Die Antwort lautet: Er war im Gasthof und schrieb. Wie wir gesehen haben, war er mit dem Vorsatz nach Môtiers gekommen, sein ganzes Leben vor Rousseau auszubreiten und seinen Rat einzuholen. Nach drei Unterredungen merkte er jedoch, daß Rousseau einfach nicht gewillt war, sich seine Beichte *anzuhören*. Er verfiel deshalb auf den Gedanken, wenn er sie schriftlich aufsetze, durch Therese bei Rousseau abgeben lasse und dann auf ein paar Tage wegginge, würde Rousseau sie bestimmt *lesen*; und wenn Rousseau sie gelesen habe, ließe sich vielleicht darüber sprechen. So verbrachte Boswell den Nachmittag damit, einen ausführlichen Lebensabriß zu verfassen, samt einem Begleitschreiben. Dieses ist nachstehend abgedruckt, wie auch derjenige Teil des Lebensabrisses, der sich mit dem Erlebnis befaßt, über das er mit Rousseau gerne gesprochen hätte – dem Verhältnis mit einer verheirateten Frau in Schottland. Anschließend folgt ein überschwenglicher Brief an Johnston. Dieser

Brief zeigt deutlich, wieviel Boswell es sich kosten ließ, seinen Aufzeichnungen das Gepräge der Echtheit zu verleihen. Er wußte, daß Johnston den Brief erst nach Monaten zu Gesicht bekommen würde und wahrscheinlich nicht weniger dankbar gewesen wäre, wenn Boswell ihn rückblickend von Neuenburg aus geschrieben hätte. Es war im Dezember, die Dunkelheit brach allmählich herein, es regnete, Boswell hatte ohne Führer eine beträchtliche Strecke zurückzulegen, schob aber trotzdem nach Beendung seines Lebensabrisses den Aufbruch noch weiter hinaus, um seinem guten Freund einen möglichst authentischen Bericht zu liefern.]

[Boswell an Rousseau][1]

[Môtiers, Val de Travers, 5. Dezember 1764]

HOCHZUVEREHRENDER, GNÄDIGSTER HERR! Ich bin so dankbar, wie es ein Mensch nur sein kann, für die wirklich huldvolle Aufnahme, die Sie mir gewährten.

Wenn es Ihnen möglich ist, helfen Sie mir bitte. Ich unterbreite Ihnen hier einen Abriß meines Lebens, allerdings nur flüchtig hingeworfen. Er enthält das Tatsächliche; das gefühlsmäßige Drum und Dran hätte zu weit geführt. Sie lassen sich nicht gerne von Eindringlingen stören, aber vielleicht findet mein Schriftstück Gnade vor Ihren Augen.

Nach allem, was ich getan, bin ich wenigstens körperlich und geistig einigermaßen gesund und seelisch imstande, meinen Mann zu stellen. Ach, geruhten Sie doch, einen wahren Schotten zu erhalten! Lord Marischal ist alt. Dieser prächtige schottische Stamm muß bald fallen. Sie lieben unser altes Land. Erhalten Sie ihm ein junges Stämmchen.

---

1 Übersetzt nach dem Original, das sich im Besitz der Stadtbibliothek in Neuenburg befindet und in den Briefen Boswells (ed. Tinker) veröffentlicht ist. Eine Abschrift, falls Boswell eine solche aufbewahrte, ist bisher nicht ans Licht gekommen.

Wenn ich wiederkomme, bringe ich Ihnen ein Bild von Lord Marischal.[1] Sie werden mich empfangen, und ich werde von hinnen gehen und zwei oder drei schlicht-vornehme Grundsätze mit in die Welt hinaustragen und zeit meines Lebens ein Mann sein. Sie werden die Größe haben, mein Geheimnis zu bewahren. Unvollkommen, wie ich bin, betrachte ich mich doch als einen trefflichen Menschen in der Welt, wie sie ist. Allerdings ahnt mir, daß man sich über die Welt, wie sie ist, erheben kann, und es läßt mir keine Ruhe, bis ich das fertiggebracht habe.

Wollen Sie so gut sein, mir den Abriß wieder zurückzugeben. Zur Zeit meines Mißvergnügens in Utrecht habe ich die Bekanntschaft einer jungen und reichen Holländerin aus ersten Kreisen gemacht. Mein Verhalten trug mir den Ruf eines abgeklärten Menschen ein. Ach, wie doch der Schein trügt! Falls es Ihnen Spaß macht, etwas von der Hand dieser jungen Dame zu lesen, finden Sie es in einem besonderen Umschlag.[2] Ich wüßte gar zu gerne, was Sie von ihr halten. Die Schriftstücke hat bisher noch niemand zu sehen bekommen, aber Ihnen würde ich alles auf der Welt anvertrauen.

Ich bin, mit einer ehrerbietigen Zuneigung, an der Sie nicht zweifeln dürfen, in ewiger Bewunderung Ihr

BOSWELL.

---

1 Wahrscheinlich ein »Charakterbild«. Es ist aber nicht ausgeschlossen, daß er in seinem Gepäck in Neuenburg einen Kupferstich mit dem Bildnis Lord Marischals hatte und bereit war, es gegen eine weitere Unterredung hinzugeben.

2 Vermutlich handelt es sich um die beiden Briefe, die er bisher von Belle de Zuylen erhalten hatte, nebst den Schriftstücken von ihrer Hand, die sich sonst noch unter Boswells nachgelassenen Papieren gefunden haben: einige Verse, »Zelidens Bild«, und ein »Bild« der Witwe Geelvinck. Alle diese Stücke, außer den Versen, sind abgedruckt in »Boswell in Holland«.

[5. Dezember, Auszug aus dem »Abriß meines Lebens«. Original französisch][1]

... Ich liebte die Tochter eines Schotten von hohem Rang[2], die mit einem reichen Mann verheiratet ist, mir aber zu erkennen gab, daß sie mich ihrem Gatten vorzog. Sie zierte sich keineswegs, mir alles zu gewähren, wobei sie sich spitzfindig damit rechtfertigte, daß sie sagte: »Ich liebe meinen Gatten als Gatten und dich als Geliebten, jeden in seinem Kreis. Für ihn verrichte ich alles, was einer guten Ehefrau obliegt; bei dir gebe ich mich köstlicher Sinnenlust hin. Unser Geheimnis bleibt gewahrt. Nach meiner Veranlagung kann ich niemals Kinder kriegen. Niemand geht unsertwegen etwas ab. Mein Gewissen ist ruhig, und ich bin sicher, unsere Liebe kann Gott kein Ärgernis sein.« Spitzfindigkeiten dieser Art im Munde einer reizenden Frau schienen mir sehr bestechend. Aber ihr Vater hatte mir früher viel Gutes getan und ihr Gatte war die Liebenswürdigkeit selber ...[3] Ich wurde von der bittersten Reue gepackt, verfiel in Traurigkeit und war in meiner Verzweiflung oft nahe daran, Herrn von — alles zu gestehen, um ihn zu zwingen, meinem Elend ein Ende zu machen. Allein, das wäre die verhängnisvollste Dummheit gewesen. Ich eröffnete mich Frau von —. Obwohl liebevoll und großmütig, konnte sie nicht mehr umdenken; sie machte mir meiner Schwachheit wegen Vorwürfe. Was konnte ich tun? Ich setzte meine ver-

---

1 Dieser Abriß umfaßt vierzehn Quartseiten von derselben Größe wie das gleichzeitige Tagebuch. Boswell bewahrte auch zwei stichwortartige Entwürfe dazu auf, eine unvollständige erste Niederschrift und mehrere verworfene Blätter.

2 Nachdem er den Abriß von Rousseau zurückerhalten hatte, strich Boswell mit Tinte alle jene Angaben aus, die darauf hindeuteten, wer gemeint war, doch hat sich mit Ausnahme eines einzigen Satzes (siehe unten) alles Geschriebene noch entziffern lassen. Es scheint ziemlich sicher, daß es sich bei der Betreffenden um Jean Home handelte, die einzige Tochter von Lord Kames, die seit 1760 mit Patrick Heron von Kirroughtrie verheiratet war. Heron ließ sich 1772 von ihr scheiden, auf Grund ihres Verhältnisses mit einem jungen Offizier.

3 Hier ließ sich ein Satz nicht vollständig entziffern. Wahrscheinlich stand darin etwa, »er wollte unbedingt, daß ich jeweils zu einem längeren Besuch auf seinen Landsitz komme«.

ROUSSEAU
Radierung von Watelet nach einer Zeichnung von Taraval

werfliche Liebschaft fort, und die Sinnenlust, die ich kostete, überwog meine Gewissensbisse. In meinen Verzückungen kam es mir zuweilen sogar so vor, als könne der Himmel einem solchen Glück zwischen zwei Erdenwesen nur hold sein. Als ich zweiundzwanzig war, verstattete mir mein Vater, nach London zu fahren. Ich war froh, in eine andere Umgebung zu kommen, und faßte den Vorsatz, meiner Freundin nie zu schreiben, so daß wir nun seit zwei Jahren ohne Nachricht voneinander sind, abgesehen davon, daß es uns gesundheitlich gutgeht... Ich habe Ihnen in aller Eile enthüllt, was ich gesündigt habe. Ich habe Ihnen auch meine guten Seiten nicht verschwiegen. Sagen Sie mir, ist es denkbar, daß ich dereinst noch meinen Mann stellen kann? Sagen Sie mir, ob ich noch zu einem ehrenwerten schottischen Majoratsherrn tauge. Ob ich – ach, wie sehr fürchte ich das Gegenteil! –, ob ich tugendhaft sein kann, was Frau von — anbetrifft. Vielleicht hat sie sich auch gewandelt. O gütiger und weiser Mann, helfen Sie mir, ich bitte Sie! Mein Geist ist schwach, aber die Seele ist stark. Entfachen Sie diese Seele, und die heilige Flamme soll nie mehr erlöschen.

[Boswell an John Johnston]

[Môtiers] Val de Travers, den 5. Dezember 1764

MEIN LIEBER JOHNSTON, bist Du am Leben, mein Freund? Oder hat Dein Geist seine irdische Behausung verlassen? Von Deinem Tod zu hören, würde mich jetzt nicht mehr jammern. Ich würde frohlocken beim Gedanken an Deine Entrückung.

Johnston, ich befinde mich in dem Dorf, das Rousseau beherbergt. Seit drei Tagen gehe ich bei dem erhabenen Denker ein und aus. Er hat meinen Geist erleuchtet, meine Seele entfacht. Wir sind doch unsterblich. Jesus hat uns doch eine Offenbarung geschenkt. Ich fühle mich unsäglich begeistert. Allmächtiger, bin ich so erhoben? Wo ist meine

Trübsal hingekommen, wo mein Mißvergnügen? Wo all die belanglosen Verstimmungen des Tages? Ach, Johnston, wärst Du doch hier! Ich halte mich in einem wildromantischen Tale auf, inmitten ungeheurer Berge, und schicke mich eben an, nach Neuenburg aufzubrechen. Ich kehre aber wieder zu Rousseau zurück.

Ein einsamer Ritt in finstrer Winternacht durch eine verschneite Gegend steht mir bevor. Ich bin so hochgemut, daß ich die Kraft eines wilden Löwen in mir fühle.

Lebe wohl, lieber Freund. JAMES BOSWELL

Mittwoch, 5. Dezember [Fortsetzung]. Die Nacht war, wie Lady Randolph sie beschreibt –

Dezember war's und dunkel; Wind und Regen
Die ganze Nacht hindurch.[1]

Unerschrocken ritt ich voran inmitten der Felsenwildnis, von erhabenen Gedanken bewegt. Etwa um neun traf ich in Brot ein, wo Sandoz und seine Familie sich meiner annahmen. Ich trank Wein, verzehrte Zwieback dazu und geriet mit den guten Leuten um mich herum in fröhliche Stimmung. Das Wirtstöchterlein und ich sangen die Geschichte der Heloise in Versen nach einer alten französischen Melodie,

Quand le fier Baron d'Etange
Sortait du Pays de Vaud, etc.

Ich kam mir ganz vor wie im schottischen Hochland. Sie war gleichsam ein Bergkind. Obwohl der Text komisch ist, rührte mich die Geschichte wiederum zu Tränen.[2] Die Sandoz sind eine weitverzweigte Familie, ungefähr fünfhundert an der Zahl, eine richtige Hochlandsippe, die in einem Schweizer Bergdorf sogar ein Besitztum hat zur Unterstüt-

---

1 John Home, »Douglas«, I, 1, 229/30.
2 Über das Lied war nichts weiter in Erfahrung zu bringen. Baron d'Etange ist der Vater von Julie, der Heldin der »Neuen Heloise«.

zung ihrer bedürftigen Stammesgenossen. Ich war ganz der lustige hohe Herr.

Donnerstag, 6. Dezember.[1] Am Morgen war ich wie immer verstimmt, aber ein flotter Ritt nach Neuenburg brachte mich wieder ins Gleichgewicht. Ich war bei Obert Chaillet eingeladen, wußte aber nicht mehr, ob auf heute oder Freitag. Rousseau hatte spaßeshalber gesagt: »Gehen Sie an beiden Tagen hin zum Essen.« Ich schickte zu ihm und vernahm, daß wir Freitag vereinbart hatten. Um drei kam er zu mir. Er behauptete, Lord Marischal sei nicht mehr Anhänger des Hauses Stuart. »Eines Abends saß er in Neuenburg bei einer Partie Pikett. Man brachte eine holländische Zeitung herein, in welcher stand, der Herzog von York sei Kardinal geworden.[2] Da warf er die Karten hin und sagte: ›Jetzt ist unsere letzte Hoffnung dahin. Ach, wenn ich daran denke, daß ich mich für diese nichtswürdige Familie aufgeopfert habe. Der Vater ist keinen Heller wert, was etwa zweitausendmal soviel ist, als der älteste Sohn wert ist; und jetzt geht der, auf den wir noch bauten, unter die Priester!‹ Für Prinz Karl hat Lord Marischal nur Verachtung übrig. Im Jahre 1745 wurden vom französischen Hof zehntausend Mann angefordert, Bekleidung für zehntausend Berittene, Bekleidung für zwanzigtausend Hochländer, Waffen und eine Million Livres. Ohne all das hätte kein vernünftiger Mensch sich dazu verstanden, in Schottland einzufallen. Der Prinz hatte versprochen, auf seinen Forderungen zu beharren, ließ sich aber hinreißen und brach bekanntlich überstürzt auf. Lord Marischal schrieb seinen Freunden: ›Setzt nichts aufs Spiel. Er ist von Sinnen.‹ Der Prinz machte aber vom Namen des Lordmarschalls Gebrauch, bis ein Bote ihm

1 »Auslagen im Gasthof zu Môtiers: drei Tage Unterkunft, drei Mahlzeiten und Unterhalt eines Pferdes, zwei Taler; das Pferd, vier Tage, ein Taler« (Ausgabenbuch).

2 Henry Benedict Maria Clement, zweiter Sohn des älteren Prätendenten, trat in den geistlichen Stand und wurde 1747 zum Kardinal ernannt, kurz nach seinem zweiundzwanzigsten Geburtstag. Bei seinem Tod 1807 erlosch die männliche Linie der Stuarts.

dessen wahre Gesinnung meldete. Nach der Niederlage kam der Prinz nach Basel und schrieb von dort an Lord Marischal, er möge ihm im Neuenburgischen einen sicheren Aufenthaltsort ausfindig machen. Lord Marischal erwiderte, er werde sogleich an den König von Preußen schreiben, selber aber nicht im Lande bleiben. Prinz Karl verlangte von ihm eine Freundschaftserklärung, aber Lord Marischal erwiderte: ›Ich möchte mich nicht um meine Ehre bringen. Kann ich der Freund eines Mannes sein, der das und das getan hat –‹, und er zählte ihm auf, was er Schändliches begangen hatte. In seiner Entgegnung stritt der Prinz die Tatsachen nicht ab, versprach jedoch, sich inskünftig rühmlicher zu verhalten. Lord Marischal wollte aber nichts mehr mit ihm zu tun haben. Als der Prinz fand, seine Anhänger in England schickten ihm zuwenig Geld, drohte er ihnen mit Anzeige, falls sie ihm nicht mehr schickten.« Was für ein trauriges Bild des Abkommen der *centum sex proavi*![1]

Freitag, 7. Dezember. Kapitän Bowyer kam mich besuchen. Wir sprachen französisch. »Es freut mich«, sagte ich, »und gleichzeitig ist es mir leid, hier einen so angenehmen Landsmann zu treffen. Ich tat mir etwas darauf zugute, der vernünftigste aller Reisenden zu sein. Sie sind aber mindestens so vernünftig wie ich.« Ich speiste bei Oberst Chaillet in zahlreicher Gesellschaft und an einer äußerst reichbesetzten Tafel. Das Essen dauerte drei Stunden lang. Lord Marischal hatte mir eine Anweisung auf Oberst Chaillet ausgestellt, folgenden Inhalts:

Dem Überbringer auszuzahlen eine Forelle blau samt einer Flasche Ihres besten Weins, auf Rechnung Ihres ergebenen Dieners M---

1 »Hundertundsechs Vorfahren« – die geschichtlichen und sagenhaften Könige von Schottland. Das höchst unwahrscheinliche Verzeichnis, das einige vierhundert Jahre vor Christus beginnt, kann im *Scots Magazine*, Ende Jahrgang 1740, nachgeschlagen werden. Nr. 106 ist Jakob V., der letzte König vor der verhängnisvollen Thronbesteigung Marias, der ersten regierenden Königin des Landes.

Das nenne ich noch *gaieté d'esprit!* Am Abend war ich auf einem Hausball, wo ich mich leidlich unterhielt.

Samstag, 8. Dezember. Ich machte der Frau des Obersten Sandoz meine Aufwartung, den ich im Haag gekannt hatte. Eine geistreiche Frau. Ich richtete ihr Lord Marischals Gruß aus. Sie sprach ganz offen mit mir und hielt mit ihrem Glaubensbekenntnis nicht hinter dem Berge; es deckte sich weitgehend mit demjenigen Rousseaus. Nach Tisch nahm sie mich mit zu Mamsell Prevost, auf die ich sehr gespannt war, hatte sie doch gewissermaßen meine Zélide erzogen, als diese acht bis dreizehn war, und sie nach Genf begleitet. Sie erwies sich als eine manierliche alte Jungfer, die von ihrer schönen Schülerin nur Gutes zu sagen wußte. Ich machte den Fehler, daß ich den beiden Frauenzimnmern gegenüber allzu freimütig von Zélides Unzulänglichkeiten sprach. Man zeigte mir ein Bildnis von ihr, das die Erinnerung an sie in all ihrer Anmut in mir heraufbeschwor und meine Liebe von neuem weckte. Ich stattete Kapitän Bowyer einen Besuch ab und verbrachte den Abend bei Oberst Chaillet, wo ich auch Mamsell Prevost wiedertraf, die mir einen Brief von Zélide zeigte, in welchem sie von »anstößigen Fabeln« sprach, die sie geschrieben habe, und den liederlichen d'Hermenches ihren »großmütigen Freund« nannte. Ich erkannte wieder, was für ein haltloses, überspanntes Geschöpf sie ist, und schätzte mich glücklich, nicht an sie gebunden zu sein.[1] Beim Abendessen ging es sehr gemütlich zu. Chaillet erzählte uns, wie scharf er im Militärdienst die Leute rangenommen hatte, und flößte uns allen ein Grauen ein.

---

1 ». . . Sah sie als verschrobenes Frauenzimmer, froh, nichts mit ihr zu haben. Was ist ihr geistreiches Wesen? Gleichsam nur Gefiedel« (Merkzettel, 9. Dezember). – Constant d'Hermenches, ein Schweizer von ungefähr vierzig Jahren, verheiratet, tat in den Generalstaaten Dienst und stand im Rufe eines argen Schürzenjägers. Belle de Zuylen führte mit ihm einen heimlichen und äußerst freimütigen Briefwechsel. Boswell wußte wahrscheinlich davon; jedenfalls verrät er eine eifersüchtige Abneigung gegen d'Hermenches.

Sonntag, 9. Dezember. Ich hatte mich gestern abend von jedermann verabschiedet, da ich heute fahren wollte, doch traf Jakob entgegen seinem Versprechen nicht ein, so daß ich den Tag in meinen vier Wänden mit Schreiben verbrachte. Chaillet kam indessen her und blieb eine Stunde bei mir, wobei er mir von seinen Gewaltstreichen in sardinischen Diensten erzählte. Er muß ein Malefizkerl gewesen sein. Abends traf Jakob ein.

Montag, 10. Dezember. Um zwölf ging ich sechs Meilen zu Fuß nach Colombier hinaus, nachdem ich einen Wagen bestellt hatte, der mich dort am nächsten Morgen abholen sollte. Ich suchte den Gasthof auf, der vom Vater von Madame de Froments Lisette geführt wird. Ihre Schwester Caton trug mir eine gut schweizerische Mahlzeit auf. Ich fragte sie, ob sie nicht nach Schottland kommen möchte. »Doch«, sagte sie, »hier will ich jedenfalls nicht bleiben.« Sie gefiel mir. Ibrahim, der Türke, den Lord Marischal mit Ameté[1] erziehen ließ, kam mich besuchen. Er sollte als Kunstmaler ausgebildet werden, verfiel aber dem Trübsinn und bezieht von Lord Marischal eine Leibrente. Er ist ein dunkles Kerlchen, lacht unmäßig, sagte, »ich bin ein Stimmungsmensch«, redete aber recht vernünftig. Stefan, der alte Kalmücke, den Lord Marischal ebenfalls von seinem Bruder, Marschall Keith, hat, war auch hier. Er diente Lord Marischal früher lange als Kammerdiener, geriet aber ins Trinken, so daß auf ihn kein Verlaß mehr war, und bezieht jetzt auch ein Ruhegehalt. Zahllos sind die Beispiele von Lord Marischals Güte. Ibrahim schaute Stefan an und sagte: »Wir sind weit herumgekommen. Um den ganzen Erdball sind wir gekugelt und hier schließlich in ein Loch gefallen.«

Dann machte ich Mamsell Morel meine Aufwartung, an die mir Lord Marischal einen Brief mitgegeben hatte. Sie ist nicht mehr die jüngste, aber von einem sanften, fröhlichen,

1 Die französische Form von Emet-ulla, Madame de Froments türkischem Namen. Ibrahim wird bald als Türke, bald als Tibetaner bezeichnet, verwandt mit dem Dalai-Lama. Der Name ist türkisch.

ausgeglichenen Wesen und Lord Marischal so ergeben wie eine Schottin. Ihr Bruder, früher Oberst in sardinischen Diensten, begegnete mir mit herzhafter Höflichkeit. Mir war, als wäre ich bei uns zulande auf Besuch. Den ganzen Abend hier zu verbringen, schien mir zuviel des Guten. Mir graute bei dem Gedanken an die Besuche, die ich in Schottland noch machen muß. Die beiden wollten unbedingt, daß ich bei ihnen übernachte.

Dienstag, 11. Dezember. Ich begab mich nach dem Gasthof und suchte Caton. »War es Ihr Ernst, als Sie sagten, Sie würden mit nach Schottland kommen?« »Freilich. Als ich noch ein junges Mädchen war, im Hause von Herrn —, wollte mir jemand Gewalt antun. Ich entkam. Aus Ärger heiratete ich, ohne meinen Mann je zu lieben. Er brachte sein ganzes Geld durch und lief mir dann davon. Ich kann mich scheiden lassen. Je weiter ich von hier weg wäre, um so besser. Ich würde gerne einen vornehmen Herrn begleiten. Sie machen mir durchaus den Eindruck eines ehrenhaften Mannes.« »Aber Sie verstehen doch, was Ihre Stellung bei mir wäre? Ich möchte Ihnen nichts vormachen.« »Gewiß, Sie werden mit mir nach Gutdünken verfahren.« Sie hat zwei hübsche Kinder und ist ein prächtiges, frisches Schweizer Mädchen. »Nun«, sagte ich, »ich kann nichts versprechen, aber wenn es sich gibt, werden Sie von mir hören.« Mamsell Morel holte mich ab zu einer Besichtigung des Schlosses Colombier, in welchem Lord Marischal wohnte. Es ist ein großer alter Bau und weckte in mir Erinnerungen an Schottland.[1]

Um elf brach ich auf und hatte eine gute Fahrt nach Yverdon. Ich schickte zu Sir James Kinloch, der aber noch auf dem Lande weilte. Der Gasthof, in den ich ging, war schlecht. Zwei Stunden vor dem Abendessen brachte mir die Magd Brot und Käse und Wein. Ich war verdutzt und

1 In dem Herrschaftshaus gegenüber dem Schloß sollte Belle de Zuylen nach ihrer Verheiratung mit de Charrière (1773) fast ihr ganzes einsames und unglückliches Leben verbringen.

fragte, was das bedeuten solle. »Das ist das *goûter*«, erklärte sie, »wünschen Sie kein *goûter*?«[1] Offenbar ist dieses *goûter* gang und gäbe in der Schweiz, wo man von früh bis spät ißt. Ich fügte mich dem landesüblichen Brauch.

Mittwoch, 12. Dezember. Ich machte Freiherrn von Brackel meine Aufwartung, dem Schwiegersohn von Sir James Kinloch. Er ist ungefähr fünfzig, eine große stattliche Erscheinung, ernst, verschlossen, höflich, ganz Mann von Welt. Er bestand darauf, daß ich bei ihm wohne. Von Lord Marischal, mit dem er viel verkehrt hat, erzählte er mir, er könne nie lange an einem Ort bleiben, ohne daß dieser ihm verleide, und sei überhaupt höchst wankelmütig. Das tröstete mich. Er übergab mir einen Brief von Margarete Kinloch in Utrecht, der mich mit seiner arglosen Lustigkeit ergötzte.[2] Ich wurde Frau von Brackel vorgestellt, einer großen, schönen, reizvollen Frau. Sie hatten ein Kind, einen Prachtjungen, erst ein paar Monate alt. Bei Tisch ging es vornehm zu. Nachher fand sich Frau de Coppet ein, auch eine Schwester, und ihr Gemahl, gute stille Leute. Noch mehr Gäste kamen, und wir verbrachten den Abend beim Kartenspiel. Ich fühlte mich in diesem Kreise sehr wohl.

Donnerstag, 13. Dezember. Vergangene Nacht legte ich mich in aller Seelenruhe schlafen, und heute morgen beim Aufstehen war ich noch in derselben angenehmen Verfassung. Freifrau von Brackel wählte Stoff aus und ließ eine Näherin kommen, um für mich Hemden anzufertigen. Ich stelle mich hier bereits sehr gut, stolz, von einer so prachtvollen Frau betreut zu werden. Auch habe ich hier ein so schönes Bild wahren Familienglücks gesehen, daß ich einen Zorn auf jede Sittenlosigkeit bekam und den Vorsatz faßte, die ehelichen Tugenden nach Kräften hochzuhalten.

---

1 Vesperbrot.

2 Margarete Susanne Kinloch, eine jüngere Schwester der Frau des Pfarrers Robert Brown in Utrecht, war eine Schweizerin von etwa zwanzig Jahren, die während Boswells Utrechter Zeit zu Browns Haushalt gehört hatte. Boswell und sie spielten fast täglich Federball und neckten sich auf kindliche Art.

Um zwölf machte mir Sir James Kinloch seine Aufwartung. Er lebt schon seit zwanzig Jahren hier in der Schweiz, ist aber ganz der biedere alte Schotte geblieben.[1] Er ist ein ausgezeichneter Landwirt. Es gelang mir, das Gespräch im Gang zu erhalten, indem ich mich nach landwirtschaftlichen Dingen erkundigte. Er teilte mir mit, Kalk koste hier etwa einen halben Taler der Zentner. Ich klagte, auf Auchinleck sei uns eine schöne Wiese durch Binsen zugrunde gerichtet worden, so daß wir alle zwei oder drei Jahre ganz umpflügen müßten. Dagegen gebe es ein unfehlbares Mittel, meinte er, das er in einem alten französischen Lehrbuch gefunden habe; man müsse die Wiese mit einer genügenden Schicht Ruß bestreuen, er habe es selbst erprobt; Kohlenruß habe vielleicht nicht dieselbe Wirkung wie solcher von Holz, aber ich könne es ja versuchen. Er speiste mit uns; nach Tisch stellte mich Freiherr von Brackel auf dem Schloß dem Landvogt vor, einem hochangesehenen, wohlunterrichteten Mann.[2] Den Abend verbrachten wir mit Kartenspiel bei ––– und kehrten dann zum Abendessen nach Hause zurück.

[13. oder 14. Dezember, Verzeichnis mit Rousseau zu besprechender Fragen. Original teilweise französisch][3]

Selbstmord. Seelisches Elend: eine richtige Krankheit, erbliche Belastung. Selbstvernichtung: deine Argumente,

1 Sir James, damals neunundfünfzig Jahre alt, war ausgewandert, um einer unglücklichen Ehe zu entrinnen, die er vielleicht gegen seinen Willen eingegangen war. In der Schweiz hatte er eine Schweizerin geheiratet und mit ihr eine große Familie aufgezogen, doch wurde diese Ehe in Schottland nicht als gültig anerkannt. Bei seinem Tod ging der Titel eines Baronet auf seinen Bruder über, nicht auf seinen Sohn.

2 Victor de Gingins, Herr von Moiry, Landvogt von Yverdon, das damals Bern untertan war. Er ist der Verfasser politischer Abhandlungen und eines Staatsromans.

3 Diese Notizen und die auf S. 85 abgedruckten stehen auf zwei undatierten Quartbogen vom selben Format wie das Tagebuch, der eine doppelseitig beschrieben, der andere einseitig. Auf der übrigen Seite hat sich Boswell ein Gedicht von Belle de Zuylen abgeschrieben, wahrscheinlich im Hause Brackels, nach einem Manuskript, das ihm Margarete Kinloch geschickt hatte.

nicht widerlegt. – War Dichter, lobende Besprechungen. – Wohl kein Sklave des Triebs, nicht mehr als in der Ehe, will aber ein Schweizer Mädchen haben, liebenswert usw. Richtiges Abenteuer. Marischal Boswell, Rousseau Boswell [würde ich meine natürlichen Söhne taufen]. Möchte gerne sehen, ob Kinder gesund, ehe ich heirate. Schadet niemand. Kann mich enthalten, wenn unbedingt dagegen, kann leben wie Malteserritter. Würde niemand etwas vormachen, mit offenen Karten spielen. – Schottische Vertraulichkeiten und Schnödigkeiten: früher durch Zurückhaltung und Schweigen unterdrückt, was aber schwermütig machte. Kann ich denn nicht lustig sein und den ersten besten, der mir grob kommt, fordern? Von jung auf feige; wie hätte es anders sein können? Jetzt standhaft. Seine Einstellung zum Duell. – Londoner Hof? Nein. Gesandter? Nein. Unterhaus oder daheim und Rechtsanwalt. Altes Rittergut, gutes Prinzip. Familie fortpflanzen Hauptsache. Trübsinn, um Sünden abzubüßen? Und Sie, großer Sittenrichter, wollen Sie sich mit mir befreunden? Bin ich dessen nicht wert? Sagen Sie es mir, Sie haben keine Bindungen, kein *ménagement.* Wenn ich es bin, nehmen Sie sich meiner an. Ich sage Ihnen, der Gedanke, auch nur durch den feinsten Faden mit dem aufgeklärtesten aller Denker, der erhabensten aller Seelen verknüpft zu sein, wird mir immer Halt verleihen, mein Leben lang. Lassen Sie uns daher einen Pakt schließen: »Wir werden uns im Himmel wiedertreffen.« Sagen Sie das, und es wird mir für mein Leben genügen.

Freitag, 14. Dezember. Um acht stieg ich zu Pferd; als Führer hatte ich einen Schmied namens Dupuis. »Seit wann *(depuis quand)* heißen Sie so«? fragte ich. Wir kamen am Lapidosa vorbei, einem fürchterlich steilen Berg, größtenteils verschneit.[1] Der Gedanke, auf dem Weg zu Rousseau zu sein, ließ jedoch die unwegsamsten Berge weniger hoch erschei-

1 Nach einer Mitteilung von Prof. Robert Warnock handelt es sich um den Flurnamen *La Pidouse*, ein Anwesen auf der Strecke von Yverdon nordwärts ins Val de Travers.

nen. Vor zwölf kam ich in Môtiers an. Ich saß vor Rousseaus Haus ab und suchte die Jungfer Le Vasseur, die mir sagte, er sei sehr krank. »Kann ich ihn wenigstens einen Augenblick sehen?« »Ich will mich erkundigen. Treten Sie bitte ein.« Er empfing mich sitzend, von großen Schmerzen geplagt.

ROUSSEAU. »Ich bin überhäuft mit Leiden, Enttäuschungen und Sorgen. Gerade jetzt bediene ich mich einer Sonde.[1] – Man glaubt, ich sei verpflichtet, mich mit jedermann abzugeben.« BOSWELL. »Das ist ganz natürlich. Freut es Sie denn nicht, daß Sie andern behilflich sein können?«

Ich hatte ihm, als ich das letztemal hier war, einen »Abriß meines Lebens« hinterlassen, in welchem ich ihm über die wesentlichen Ereignisse und über meine krankhaften Befürchtungen Auskunft gab und ihn um Rat und freundschaftliche Teilnahme bat. Es ist ein bemerkenswertes Schriftstück. »Ich habe Ihren Lebenslauf gelesen«, sagte er jetzt. »Sie haben sich übertölpeln lassen. Sie sollten nie einen Geistlichen zu Rate ziehen.« BOSWELL. »Besteht aber noch Hoffnung, daß etwas aus mir wird?« ROUSSEAU. »Gewiß. Das Schwierige dabei ist, daß Sie es für so schwierig halten. Kommen Sie am Nachmittag wieder. Legen Sie aber die Uhr auf den Tisch.« BOSWELL. »Wie lange denn?« ROUSSEAU. »Genau eine Viertelstunde.« BOSWELL. »Zwanzig Minuten.« ROUSSEAU. »Machen Sie, daß Sie wegkommen, haha!« Trotz der Schmerzen, die er ausstand, faßte er mein Feilschen von der spaßhaften Seite auf und belachte den Einfall. Er sah gleich ganz heiter aus.

Ich speiste in der mir bekannten Stube mit den beiden Stammgästen. Nach Tisch erging ich mich im Freien. Es hatte stark geregnet, und das Tal war überschwemmt. Alles

---

1 Französisch »j' ai un sond«. Rousseaus Leiden hatte sich wieder einmal verschlimmert, als Boswell eintraf. Von ärztlicher Behandlung wollte er nichts mehr wissen, suchte sich aber manchmal Erleichterung zu verschaffen, indem er eine Sonde in die Harnröhre einführte. Aus dem Tagebuch läßt sich herauslesen, daß das Instrument bei Boswells Besuch gerade *in situ* war. Auf den Merkzetteln heißt es: »*Sond toujours*«, was glaubhafter klingt, obwohl auffällt, daß Rousseau diesmal offenbar nicht im Zimmer umherging, ja nicht einmal zur Begrüßung aufstand.

hatte ein ganz anderes Aussehen als bei meinem ersten Aufenthalt hier. Ich bedauerte, daß eine solche Landschaft überhaupt dem Wandel unterworfen ist.

Um vier suchte ich Rousseau auf. »Mir sind nur wenige Minuten eingeräumt, die muß ich ausnützen. – Ist es möglich, unter Menschen zu leben und doch seine Eigentümlichkeiten zu bewahren?« ROUSSEAU. »Gewiß, ich habe es fertiggebracht.« BOSWELL. »Aber mit den andern in gutem Einvernehmen leben?« ROUSSEAU. »Wenn Sie ein Wolf sein wollen, dann müssen Sie freilich heulen. – Auf Bücher gebe ich nicht viel.« BOSWELL. »Auch auf Ihre eigenen nicht?« ROUSSEAU. »Ach, das ist alles bloß Gefasel.« BOSWELL. »Jetzt heulen sie.« ROUSSEAU. »Als ich noch auf Gedrucktes baute, wurde ich umhergeworfen wie Sie – Sie sind zwar eher von Gesprochenem umhergeworfen worden. Ich hatte hier nichts Festes« (sich an den Kopf tippend), »ehe ich nicht anfing nachzudenken.« BOSWELL. »Bei Ihrem Nachdenken wäre aber nicht so viel herausgekommen, wenn Sie nicht zuvor gelesen hätten.« ROUSSEAU. »Allerdings, aber es wäre mehr dabei herausgekommen, wenn ich mit dem Nachdenken früher angefangen hätte.« BOSWELL. »Ich hingegen wäre nie zu einer so wohltuenden Auffassung des Christentums gekommen, wenn ich nicht das ›Glaubensbekenntnis des Savoyarden‹ gelesen hätte. Und doch kann ich, offen gestanden, keine sichere Lehre finden. Die Sittenlehre scheint mir etwas sehr Unsicheres. Ich hätte zum Beispiel gerne dreißig Frauen; könnte ich diesen Wunsch nicht befriedigen?« ROUSSEAU.»Nein!« BOSWELL. »Warum nicht?« ROUSSEAU. »Haha, wenn Mamsell nicht hier wäre, könnte ich Ihnen triftige Gründe dafür anführen.« BOSWELL. »Aber bedenken Sie doch, wenn ich reich bin, kann ich mir eine Anzahl Mädchen nehmen und sie schwängern; das bringt Bevölkerungszuwachs. Ich statte sie mit einer Mitgift aus und verheirate sie an tüchtige Bauern, die sich glücklich schätzen, sie zu kriegen. So kommen sie im selben Alter zu einem Mann, wie wenn sie keusch geblieben wären, und ich meinerseits habe mich an den verschiedensten Frauen erlustigt.« ROUSSEAU. »Sie werden sich nur Eifersucht, Verrat und Falschheit aufhalsen.« BOSWELL. »Kann ich denn nicht nach orientalischem Brauch verfahren?« ROUSSEAU. »Im Orient hält man die Frauen eingesperrt, das heißt, man hält sich Sklavinnen. Und solche Frauen, wohlgemerkt, richten nichts als Unheil an, während die unseren zu etwas gut sind, sie verrichten doch viel Arbeit.« BOSWELL. »Trotz alledem möchte ich gerne dem Beispiel der alten Patriarchen nachleben, das mir sehr beherzigenswert erscheint.« ROUSSEAU. »Als Staatsbürger dürfen Sie sich aber nicht nach Belieben da ein Gesetz und dort ein Gesetz aussuchen; Sie müssen sich den Gesetzen der Gesellschaft fügen, in der Sie leben. Tun Sie Ihre Bürgerpflicht, und wenn Sie daran festhalten, werden Sie zu Ansehen gelangen. Ich würde nicht davon sprechen, ich würde einfach danach handeln. – Und was Ihre Freundin anbetrifft[1], werden Sie nach Ihrer Rückkehr zu ihr sagen, ›Gnädige Frau, unser Verhältnis verstößt gegen mein Gewissen, es muß ein Ende haben‹. Sie wird Ihnen beipflichten, andernfalls ist sie zu verachten.« BOSWELL. »Angenommen, sie ist immer noch verliebt und droht, ihrem Gatten von dem Vorgefallenen Mitteilung zu machen, falls ich mich weigere, das Verhältnis fortzusetzen?« ROUSSEAU. »Erstens wird sie das hübsch bleibenlassen, und zweitens haben Sie kein Recht, um des Guten willen Böses zu tun.« BOSWELL. »Das ist wahr. Trotzdem kann ich mir da recht peinliche Situationen denken. Und sagen Sie mir bitte, wie kann ich das Böse, das ich bereits getan, abbüßen?« ROUSSEAU. »Ach, mein Bester, das Böse läßt sich nur durch das Gute abbüßen.«

Ein schöner Gedanke. Dessenungeachtet blieb ich bei meinem Glauben an Wiedergutmachung durch Strafe. Eine unwandelbare Gerechtigkeit verlangt meines Erachtens, daß Vergehen gebüßt werden, und diese Buße muß durch

---

1 Im »Abriß« erwähnt, S. 68–70.

Leiden geleistet werden. In allen Ländern der Welt huldigt man dieser Anschauung, die auch dem Christentum zugrunde zu liegen scheint.

Ich brachte alles mögliche zur Sprache, hatte ich doch seit meiner Abreise von London keine Gelegenheit mehr gehabt, mich jemand rückhaltlos zu eröffnen, bis ich nun Rousseau gegenüberstand. So fragte ich ihn: »Wenn ich nach Frankreich und Italien komme, darf ich mich doch ausleben, wie es dortzulande üblich ist, wo ein Mann nichts dagegen hat, wenn man bei seiner Frau Liebe schindet? Überhaupt, wäre ich als Angehöriger eines solchen Volkes nicht besser dran?« ROUSSEAU. »Leichen sind es. Wollen Sie unbedingt eine Leiche sein?« Er hatte recht. BOSWELL. »Sagen Sie mir doch, hat der Tugendhafte wirklich einen Vorteil, ist er tatsächlich besser dran als einer, der sich der Sinnlichkeit ergibt?« ROUSSEAU. »Es läßt sich nicht bezweifeln, daß wir geistige Wesen sind, und wenn die Seele aus dem Kerker des Fleisches erlöst wird, findet der Tugendhafte alles nach seinem Sinn. Er wird sich weiden am edlen Tun glücklicher Seelen; er wird sich sagen, ›ein solches Leben habe ich schon immer geführt‹. Andererseits werden diejenigen, die nur die niedrigen, an den Körper gebundenen Leidenschaften kennen, keine Befriedigung finden beim Anblick von Vergnügungen, an denen sie nicht teilhaben können.«

BOSWELL. »Weiß der Himmel, ich werde nicht klug daraus, wie ich mich verhalten soll; ich kann mir nicht schlüssig werden, ob ich einen Beruf ergreifen soll oder nicht.« ROUSSEAU. »Man muß sich alles gehörig zurechtlegen.« BOSWELL. »Wie steht es mit der geistigen Fortbildung, auf die so viel Wert gelegt wird? Mit dem Studium der Geschichte, zum Beispiel?« ROUSSEAU. »Das ist alles nur Zeitvertreib.« BOSWELL. »Mein Vater wünscht, daß ich mich als Rechtsanwalt betätige; wenn ich ihm zu Gefallen lebe, handle ich gewiß recht; dagegen fehlt mir diese Gewißheit, wenn ich mich bloß meinen Neigungen hingebe. Ich muß mich deshalb mit dem schottischen Rechtswesen befassen.« ROUSSEAU. »Sicher, es gehört zu Ihrem Werkzeug. Wer Schreiner werden will, muß einen Hobel haben.« BOSWELL. »Mit meinem Vater komme ich nicht gut aus. Es herrscht kein freier Ton zwischen uns.« ROUSSEAU. »Ein solcher würde sich ergeben, wenn Sie irgendeine gemeinsame Liebhaberei hätten.« BOSWELL. »Wir besorgen zusammen die Anpflanzungen.« ROUSSEAU. »Das ist ein zu ernsthaftes Geschäft. Sie sollten gemeinsam etwas betreiben, was Sie auf gleich und gleich verkehren läßt – das Schießen, zum Beispiel. Ein Schuß geht fehl und gibt Anlaß zu Gelächter, ohne daß es dem Respekt abträglich wäre. Sie erfreuen sich einer Freiheit, die Sie als selbstverständlich nehmen. – Wenn Sie sich einmal auf einen Beruf eingelassen haben, müssen Sie dabeibleiben, auch wenn ein anderer, scheinbar besserer, sich zeigt. Mit ständigem Umsatteln erreichen Sie freilich nichts.«

(Ich hätte anmerken sollen, daß die Le Vasseur hinausging, als ich das Gespräch auf die Vielweiberei brachte, und Rousseau meinte: »Sehen Sie, jetzt haben Sie sie vertrieben.« Inzwischen war sie wieder hereingekommen.) Rousseau brach ab und schaute mich vielsagend an. »Sind Sie ein starker Esser?« fragte er. BOSWELL. »Jawohl.« ROUSSEAU. »Schade.« BOSWELL. »Haha, ich machte nur Spaß, weil Sie in Ihren Werken für die Tafelfreuden eintreten.[1] Ich weiß, was Sie sagen wollen, und es ist gerade, was ich zu hören hoffte. Ich wollte Sie dazu bringen, mich zum Essen einzuladen. Es war mein sehnlicher Wunsch, mit Ihnen zusammen eine Mahlzeit einzunehmen.« ROUSSEAU. »Nun, wenn sie kein Vielfraß sind, wollen Sie morgen bei mir speisen? Aber ich warne Sie, Sie werden schlechtfahren.« BOSWELL. »Nein, ich werde bestimmt nicht schlechtfahren; über dergleichen bin ich erhaben.« ROUSSEAU. »Dann kommen Sie also um zwölf, damit wir Zeit zum Reden haben.« BOSWELL. »Recht schönen

1 Rousseau befürwortete Freßgier nicht, fand aber, sie sei bei Kindern weniger schlimm als Gefallsucht, weil in ihrem Alter natürlicher.

Dank.« ROUSSEAU. »Auf Wiedersehen.« – Die Le Vasseur führte mich zum Haus einer armen kinderreichen Frau, die von Rousseau unterstützt wird. Ich trug mein Teil bei,[1] war aber nicht erbaut zu hören, wie Mamsell Le Vasseur die arme Frau nur mit gemeinplätzigen Trostworten abspeiste; sie hätte irgend etwas Persönliches sagen sollen.

[14. oder 15. Dezember, Verzeichnis mit Rousseau zu besprechender Fragen. Original teilweise französisch]

Von Zeit zu Zeit ein Brief, um mich wieder zu entflammen. – Ich bin ein Prachtkerl, jawohl, bin ich. – Über Spott hinweggehen?[2] – Sagen Sie mir Bescheid, was die Frauen angeht. Seien Sie ehrlich, und ich werde mich daran halten. – Wie soll ich mich zum Gebet stellen? – Wie sich dem Nächsten gegenüber benehmen? – »Emil«, jetzt noch durchführbar? Könnte er sich in der Welt behaupten? – Der junge Mann beim savoyischen Vikar, Sie oder nicht? – Voltaire ein Spitzbube. – Tagebuch siebenhundert Seiten. – Muß ich unbedingt weiterstudieren? Ich bin doch *instruit*. – Zélide, ohne langes Besinnen, wie beurteilen Sie ihren Charakter? – Mein werter Vater, darf ich reisen, trotz [seiner Mißbilligung?] – Mohammed, was? Gibt es Erlösung durch Christus oder nicht? Soll ich mich in Schottland nicht einfach ausschweigen, um die Pächter nicht vor den Kopf zu stoßen? – Lohnt es sich überhaupt, allein für mich, ein Einzelwesen?

Samstag, 15. Dezember. Um sieben Uhr früh stieg ich zu Pferd und ritt ungefähr drei Meilen nach St-Sulpice, wo ich die Quelle der Areuse sah, die durch das Val de Travers fließt. Es ist ein wildromantischer Ort. Ich konnte nicht feststellen, ob sie wirklich hier entspringt oder bloß wieder zum

1 »Taler, arme Frau« (Merkzettel, 14. oder 15. Dezember, das S. 78f. abgedruckte Verzeichnis trennend von dem nachstehend wiedergegebenen).
2 Siehe S. 92: »gesetzt den Fall, Sie stoßen zu einem Zechgelage ...«

Wasserfall in der Nähe von Rousseaus Haus
in Môtiers
Stich von Laborde und Zurlauben

Vorschein kommt, nachdem sie den Berg durchstoßen hat, auf dem ein See liegt. Das Wasser strudelt mit großer Gewalt hervor. Ringsum nichts als Berg und Fels, wie zu Hartfell in Annandale. Die Felsen ragen zum Teil wie ungeheure Wände auf, an deren Fuß die hohen Fichten stehen, die viel schöner sind als die Tannen in Schottland.[1]

Ich war in hochgemuter Stimmung. Ihr Götter, bin ich jetzt wirklich der Freund Rousseaus? Was für ein Andrang von Gedanken! In einer solchen Umgebung kann ich mein Glück erst richtig auskosten. Werde ich es nicht auch auf Auchinleck kosten? Ich war höchst aufgeräumt, von einer jugendlich-beschwingten Einbildungskraft, die sich in spielerischen Einfällen austobte. Ich stellte mir vor, ich sei in die unfreundliche Welt zurückversetzt, und eine Schar junger Schwengel sage, »komm, Boswell, du ißt doch heute mit uns?« »Nein, meine Verehrtesten, Ihr müßt mich entschuldigen, ich bin verabredet. Ich speise heute bei Rousseau.« Der stolze Ton, in dem ich dies sagte; das Ansehen, das ich mir dabei gab! Temple, du hättest was darum gegeben, mich in diesem Augenblick zu sehen!

Ich kehrte in den Gasthof zurück, wo gerade das Gericht der Talschaft tagte, wohnte den Verhandlungen bei und hatte meinen Spaß an dem Friedensrichter, den braven Bauern und einem Landpfarrer[2], die alle französisch redeten.

Dann ging ich zu Rousseau. »Hoffentlich hat sich Ihr Befinden gebessert.« ROUSSEAU. »Ach, sprechen wir nicht davon.« Er schien munterer als sonst, wie wir es alle vor dem Essen sind, falls es nicht zu lange auf sich warten läßt. Die Eßlust regt uns ganz allgemein an.

Ich sagte: »Sie äußern sich nirgends über die Pflichten des

---

1 »... Quelle der Areuse, ungeheuer wild ... Lieblingsort Rousseaus. Er geht, bis er ganz in Schweiß gebadet ist, um das Vergnügen zu haben, sich dort abzukühlen ...« (Merkzettel, 16. Dezember).

2 Vermutlich der Ortsgeistliche, Pfarrer Montmollin. Er predigte später gegen Rousseau, mit dem Erfolg, daß Rousseaus Haus mit Steinen beworfen und Rousseau von Môtiers vertrieben wurde.

Kindes gegenüber den Eltern. Sie sagen uns nichts über Emils Vater.« ROUSSEAU. »Ach, er hatte gar keinen. Den gab es nicht.« Es ist aber doch jammerschade, daß Rousseau das Verhältnis von Eltern und Kindern nicht behandelt hat. Ein wichtiger und kniffliger Gegenstand wie dieser verdient es, von einem so klaren Kopf, einer so schönen Seele erhellt zu werden.

Er lobte den *»Spectator«:* »Manchmal stößt man darin zwar auf Allegorien. Solche Bilderrätsel sind nicht nach meinem Geschmack, aber Ihre Landsleute haben nun einmal eine Vorliebe dafür.«

Ich gab ihm eine ausführliche Schilderung von Johnsons Wesensart. »Das wäre ein Mann nach meinem Sinn«, sagte er eifrig. »Ich würde ihn achten und seine Überzeugungen wenn möglich nicht antasten. Ich würde ihn gerne einmal sehen, aber nur von weitem, aus Angst, er könnte mich übel zurichten.« Ich erzählte ihm, wie ungern Johnson schreibt und wie er jeweils am Vormittag von Besuchern umringt ist. »Ach so«, sagte Rousseau, »das ist einer, der gerne seine Meinungen vorträgt.« Ich erwähnte Johnsons Ausspruch über die Neuerer: daß die Wahrheit eine Kuh sei, die ihnen keine Milch mehr gebe, so gingen sie denn hin, den Stier zu melken. »Mich würde er verabscheuen«, meinte Rousseau. »Er würde sagen, ›das ist auch so einer, der alles verdirbt, einer, der hierherkommt, um den Stier zu melken‹.«[1]

Ich hatte zum Spaß so getan, als wolle ich der Mamsell beim Zubereiten der Suppe helfen. Gegessen wurde in der Küche, die sauber und hell war. Es war alles sehr sinnig. Da hatte ich nun Rousseau in seiner ganzen Schlichtheit, angetan mit der armenischen Tracht, die ich bereits erwähnt haben dürfte. Der Kaftan und die Schlafmütze gaben ihm etwas Gemütliches.

---

1 Boswell verrät hier eine gewisse Unbedachtheit und Rousseau großen Scharfsinn, denn Johnsons Bemerkung war in der Tat auf Rousseau und Hume gemünzt gewesen.

Das Essen war wie folgt: 1. Ein Teller ausgezeichneter Suppe. 2. Rindfleisch und Kalbfleisch, gekocht. 3. Kohl, Steckrüben und Möhren. 4. Kalter Schweinebraten. 5. Marinierte Forelle, die er spaßeshalber als Zunge bezeichnete. 6. Ein Plättchen, an das ich mich nicht mehr genau erinnere. Als Nachtisch gab es entkernte Birnen und Kastanien. Dazu tranken wir roten und weißen Wein. Es war ein einfaches, gutes Mahl, bei dem es ganz zwanglos zuging. Manchmal vergaß ich mich und wurde förmlich: »Darf ich Ihnen etwas von dieser Platte geben?« ROUSSEAU. »Nein, ich kann mich selber bedienen.« Oder: »Darf ich noch etwas von jener Platte haben?« ROUSSEAU. »Ist Ihr Arm lang genug? Den Gastgeber spielt einer aus reiner Selbstgefälligkeit. Er will nicht, daß man vergißt, wer der Herr des Hauses ist. Ich hingegen sehe es lieber, wenn jeder sein eigener Herr und Meister ist und die Rolle des Gastgebers unbesetzt bleibt. Jeder soll verlangen, was er wünscht; wenn es vorhanden ist, soll er es bekommen; andernfalls muß er eben darauf verzichten. Hier lernen Sie wahre Gastfreundschaft kennen.« BOSWELL. »In England ist das ganz anders. Man will dort gar nicht, daß es einem wohl ist; die Engländer sind steif und wortkarg, um sich ein Ansehen zu geben.« ROUSSEAU. »In Frankreich geht es unter Leuten von Stand nicht so trostlos zu. Eher gibt man sich noch den Anschein äußerster Zwanglosigkeit, als wolle man durchblicken lassen, man habe keine Angst, seine Würde einzubüßen. Das ist eine abgefeimte Art der Selbstgefälligkeit.«

BOSWELL. »Nun, ist das nicht auch Ihr Fall?« ROUSSEAU. »Doch, ich gebe zu, mir liegt daran, geachtet zu werden, aber nur da, wo es von Bedeutung ist.« BOSWELL. »Sie geben sich so einfach, ganz anders, als ich es von dem großen Rousseau erwartete. Aber Sie sehen sich nicht in dem Licht, in dem andere Sie sehen. Ich dachte, Sie würden *ex cathedra* gravitätisch Vortrag halten.« ROUSSEAU. »Und Orakelsprüche von mir geben? Ha ha ha.« BOSWELL. »Ja, und ich dachte, ich würde vor Ehrfurcht vergehen. Dabei ist es gerade Ihre Schlichtheit, die man beanstanden könnte; man könnte sagen, Sie legten nicht genug Wert darauf, sich Achtung zu verschaffen. In Schottland, das kann ich Ihnen versichern, muß man einen ganz anderen Ton anschlagen, wenn man sich plumpe Vertraulichkeiten vom Leibe halten will, wie sie dortzulande gang und gäbe sind. Ich habe wahrhaftig nicht im Sinn, mir dergleichen bieten zu lassen. Wäre es nicht am besten, ich käme dem zuvor, indem ich den ersten, der mich so behandelt, zum Duell fordere und mir seinesgleichen so für den Rest meines Lebens vom Halse schaffe?« ROUSSEAU. »Nein, das geht nicht. Man darf sein Leben nicht um solcher Lappalien willen aufs Spiel setzen. Das Leben ist uns geschenkt worden, damit wir nach Großem streben. Achten Sie nicht auf das, was solche Leute sagen. Mit der Zeit wird es ihnen verleidet, mit jemand zu sprechen, der sie keiner Antwort würdigt.« BOSWELL. »Wenn Sie in Schottland wären, würden Sie von Anfang an Rousseau genannt, und dann hieße es gleich, ›wie geht's Jean-Jacques?‹ mit der größten Vertraulichkeit.« ROUSSEAU. »Das hat vielleicht sein Gutes.« BOSWELL. »Aber dann würde es heißen, ›pah, Menschenskind, was sind denn das für hintersinnige Gedanken? Du bist mir der rechte, solche Dinge zu behaupten. Komm schon, kannst du denn nicht leben wie andere auch?‹ Und das in einem hämischen Ton, den ich gar nicht nachahmen kann.« ROUSSEAU. »Das wäre übel.«

Er sah es also ein, als er sich vorstellte, wie er sich selber in die Disteln setzen würde. Ich tat mein Bestes, ihm auf französisch einen Begriff davon zu geben, wie schnöde man in Schottland angerempelt wird.

BOSWELL. »Ich bin ein verkappter Despot, müssen Sie wissen. Auf unserem Gut gelte ich als künftiger Majoratsherr und bestehe darauf, daß die Pächter mir mit Ehrerbietung begegnen.« ROUSSEAU. »Wenn Sie aber einen Greis mit schlohweißem Haar sehen, haben Sie denn da als junger Mensch gar kein Herz? Empfinden Sie denn keine Ehrfurcht vor dem Alter?« BOSWELL. »Doch, ich bin sogar in vielen Fällen recht leutselig gewesen und habe mich mit den Pächtern gemütlich unterhalten.« ROUSSEAU. »Ja, Sie vergaßen sich und wurden Mensch.« BOSWELL. »Nachher habe ich es dann bereut. Ich fand, ich hätte mir etwas vergeben.« Rousseau lachte.

BOSWELL. »Gestern wollte ich Sie um einen Gefallen bitten, nämlich mir ein Beglaubigungsschreiben auszustellen, damit ich als Ihr Gesandter nach Korsika fahren kann. Wollen Sie nicht eine Exzellenz aus mir machen? Brauchen Sie keinen Gesandten? Ich biete Ihnen meine Dienste an: James Boswell, Gesandter erster Klasse des Herrn Rousseau für die Insel Korsika.« ROUSSEAU. »Möchten Sie nicht gleich König von Korsika werden?« BOSWELL. »Nein, das lieber nicht, haha. Das übersteigt meine Kräfte« (mit tiefer Verbeugung). »Immerhin, jetzt kann ich behaupten, ich habe eine Krone ausgeschlagen.«[1]

ROUSSEAU. »Haben Sie Katzen gern?« BOSWELL. »Nein.«[2] ROUSSEAU. »Das habe ich mir gedacht. Es ist meine Charakterprobe. Die Menschen verraten da ihre Herrschsucht; sie haben Katzen nicht gern, weil die Katze selbständig ist und sich nicht versklaven läßt. Sie tut nichts auf Befehl, wie andere Tiere.« BOSWELL. »Ein Huhn auch nicht.« ROUSSEAU. »Ein Huhn würde gehorchen, wenn man sich ihm verständlich machen könnte. Die Katze dagegen versteht einen ganz genau, gehorcht aber trotzdem nicht. BOSWELL. »Katzen sind doch undankbar und falsch.« ROUSSEAU. »Nein, das ist alles gar nicht wahr. Eine Katze kann sehr anhänglich sein; sie tut alles, was man nur will, aus Freundschaft. Ich habe

---

1 Rousseau geht auf Boswells scherzhaften Ton ein, wenn er meint, bei Boswells Herrschsucht eigne sich dieser besser zum König als zum Gesandten, und Boswell zitiert in seiner Entgegnung die Worte, mit denen Rousseau es ablehnte, der Gesetzgeber der Korsen zu werden. Siehe S. 58.

2 Er hatte sogar eine ausgesprochene Abneigung gegen Katzen, die so weit ging, daß es ihm nie ganz geheuer war, wenn sich eine Katze im Zimmer aufhielt, wie er in der Johnson-Biographie bemerkt, wo er Dr. Johnsons Verhältnis zu Hodge, seiner schwarzen Katze, gewissenhaft, wenn auch mit innerer Mißbilligung, geschildert hat.

einen Kater hier, der zusammen mit meinem Hund aufgewachsen ist; sie spielen miteinander. Die Katze verpaßt dem Hund eins mit dem Schwanz, und der Hund gibt ihr das Pfötchen.« Er malte das Spiel der beiden mit beredten Worten aus; es war gleichsam eine köstliche Miniatur. Darauf tat er für den Hund etwas auf einen Holzteller und ließ ihn darum herumtanzen, wobei er ihm mit sanfter Stimme und viel Geschmack ein munteres Lied sang. »Da sehen Sie unser Ballett«, meinte er. »Eine Galavorstellung ist es nicht, aber doch recht hübsch.« Ich glaube, der Hund hieß Sultan. Er streichelte und fütterte ihn und bemerkte dann mit verschmitzter Miene: »Sehr geachtet ist er nicht, aber es wird gut für ihn gesorgt.«[1]

BOSWELL. »Gesetzt den Fall, Sie stoßen zu einem Zechgelage junger Leute, die sich über Sie lustig machen, würden Sie einfach darüber hinweggehen?« ROUSSEAU. »Es würde mich aus der Fassung bringen. Ich bin von Natur aus schüchtern. Schon oft habe ich mich durch weibliche Sticheleien verbiestern lassen. Eine Tafelrunde, wie die von Ihnen beschriebene, würde mir nicht behagen. Ich würde

---

1 Als Rousseau 1766 nach England ging, nahm er Sultan mit; dieser spielte eine Rolle bei einem aufschlußreichen Vorkommnis, von dem David Hume in seinem Brief vom 16. Februar 1766 an die Marquise de Barbentane berichtet: »Kurz nach unserer Ankunft bewog ich [Rousseau], ins Theater zu gehen, um sich Garrick anzusehen. Garricks Frau überließ ihm ihre Loge, die vom Zuschauerraum aus nicht gut eingesehen werden kann, dafür aber gegenüber der königlichen Loge liegt; man hatte den König und die Königin insgeheim davon unterrichtet, Rousseau werde an dem betreffenden Abend zu sehen sein. Als es Zeit wurde, sagte er mir, er habe es sich überlegt, er wolle lieber nicht hingehen, denn – ›was soll ich bloß mit Sultan anfangen?‹ So heißt sein Hund. ›Den lassen Sie zu Hause‹, sagte ich. ›Aber sobald jemand die Türe aufmacht, läuft Sultan auf die Straße hinaus, um mich zu suchen, und dann findet er nicht mehr zurück.‹ ›Dann müssen Sie ihn eben in Ihr Zimmer einsperren‹, erklärte ich, ›und den Schlüssel mitnehmen.‹ So geschah es denn auch, doch als wir auf der Treppe waren, begann der Hund zu heulen und zu toben; sein Herr kehrte um und sagte, er bringe es nicht über sich, den Hund in diesem Zustand zurückzulassen. Ich hielt ihn fest und bedeutete ihm, Garricks Frau habe seinetwegen andere Leute ausgebootet, der König und die Königin seien gespannt, ihn zu sehen, und wenn er keinen triftigeren Grund habe als Sultans Unwillen, wäre es lächerlich, die hohen Herrschaften zu enttäuschen. Teils durch Zureden, teils mit Gewalt brachte ich ihn dazu, daß er mitkam. Der König und die Königin achteten mehr auf ihn als auf die Darsteller« (*»Letters of David Hume«*, ed. J. Y. T. Greig, zwei Bände, 1932, II, 14–15).

ROUSSEAU
in England, 1766
Gemälde von Allan Ramsay

mich bald entfernen.« Es gereichte mir zum Trost, daß meine Reizbarkeit nicht unbedingt etwas Verächtliches ist.

BOSWELL. »Ich habe mich für die anglikanische Kirche entschieden.« ROUSSEAU. »Es ist sicher ein vorzüglicher Glaube, aber nicht das Evangelium, das die Einfachheit selber ist; es ist eine andere Art von Glaube.« BOSWELL. »Das Evangelium war anfänglich sehr einfach, aber auch sehr streng, zum Beispiel wenn Paulus sagt, es sei besser, man heirate nicht.« ROUSSEAU. »Paulus? Das gehört doch nicht zum Evangelium.« BOSWELL. »Sie haben also nicht viel übrig für Paulus?« ROUSSEAU. »Paulus ist achtenswert, aber ich glaube, er ist mir verantwortlich für den Wirrwarr in Ihrem Kopf. Er wäre ein anglikanischer Geistlicher gewesen.«

BOSWELL. »Johnson ist Jakobit, bezieht aber vom König eine Leibrente von £ 300 im Jahr.« ROUSSEAU. »Er hätte die Rente nicht annehmen sollen.« BOSWELL. »Er sagt, er wolle wenigstens mit dem Wein, den er Georg III. verdanke, nicht auf das Wohl König Jakobs anstoßen.« ROUSSEAU. »Anderseits sollte er aber auch nicht die Kraft, die ihm dieser Wein verleiht, dazu verwenden, König Georg anzugreifen.«

Die Le Vasseur fragte mich: »Werden Sie auch Herrn Voltaire besuchen?« BOSWELL. »Versteht sich.« (zu Rousseau) »Voltaire kann Sie nicht leiden, begreiflicherweise.« ROUSSEAU. »Nein, man kann diejenigen meist nicht leiden, denen man schwer geschadet hat. Sein Tischgespräch ist aber höchst unterhaltsam, noch besser als das, was er schreibt.« BOSWELL. »Haben Sie in sein ›Philosophisches Wörterbuch‹ hineingeguckt?« ROUSSEAU. »Ja.« BOSWELL. »Und was halten Sie davon?« ROUSSEAU. »Nicht viel. Ich bin nicht unduldsam, aber Voltaire verdient –« (der Ausdruck ist mir entfallen[1]). Meinetwegen mag man Andersdenkende zu bekehren su-

---

1 Auf dem Merkzettel heißt es »(etwas wie Strafe)«. In einem Brief an Du Peyrou schreibt Rousseau am 4. November 1764, das Buch scheine ihm »eine Verunglimpfung der Gesellschaft und sogar im rechtlichen Sinne strafbar« – vielleicht genau die Worte, die er Boswell gegenüber brauchte. Voltaires »Philosophisches Wörterbuch« war eben erst erschienen.

chen; wenn einer aber nichts als Verachtung an den Tag legt und sagt, ›wer an dergleichen glaubt, ist ein Idiot‹, dann wird er verletzend. – Und nun gehen Sie!« BOSWELL. »Noch nicht. Ich gehe erst um drei Uhr, habe also noch fünfundzwanzig Minuten.« ROUSSEAU. »Ich kann Ihnen aber keine fünfundzwanzig Minuten mehr geben.« BOSWELL. »Ich gebe Ihnen noch mehr als nur das.« ROUSSEAU. »Wie, von meiner eigenen Zeit? Alle Könige der Welt können mir nicht meine eigene Zeit geben.« BOSWELL. »Wenn ich aber bis morgen bliebe, hätte ich noch fünfundzwanzig Minuten, und am nächsten Tag nochmals fünfundzwanzig. Diese Minuten nehme ich Ihnen nicht weg. Ich schenke sie Ihnen.« ROUSSEAU. »Ach so, Sie stehlen mir mein Geld nicht, also schenken Sie es mir.« Dann sagte er einige Zeilen einer französischen Satire her, wo es am Schluß heißt: »Was sie einem nicht nehmen, das rechnen sie als Geschenk.«[1] BOSWELL. »Bitte, Mamsell, legen Sie ein Wort für mich ein.« (Zu Rousseau) »Ich habe hier eine treffliche Fürsprecherin.« ROUSSEAU. »Das ist ja die reine Verschwörung.« BOSWELL. »Nein, durchaus nicht.« Und die Jungfer Le Vasseur setzte hinzu: »Ich sage es Ihnen, sobald es drei schlägt.« ROUSSEAU. »Kommen Sie, nach dem Essen muß ich an die frische Luft.«

Wir traten auf einen gedeckten Gang hinaus, der um die Hinterseite des Hauses läuft. BOSWELL. »Früher war ich ein großer Komödiant. Ich konnte jeden nachahmen, den ich einmal gesehen hatte. Jetzt tue ich es aber nicht mehr.« ROUSSEAU. »Es ist ein gefährliches Talent, da es einen veranlaßt, an einem Menschen nur aufzufassen, was Kleines an ihm ist.« BOSWELL. »Das ist wahr. Aber ich versichere Sie, ich hatte es in der Mimik zu einer solchen Vollkommenheit gebracht, daß sie etwas Großes hatte. Ich war geradezu ein Sammler auf dem Gebiet; wenn ich irgendeinen komischen Kauz erblickte, sagte ich mir gleich, ›den mußt du deiner

---

1 »*Ce qu'ils ne vous prennent pas, ils disent qu'ils vous le donnent.*« Der Verfasser ließ sich nicht ermitteln.

Sammlung einverleiben‹.« Rousseau lachte von Herzen: »Sie sind auch ein komischer Kauz.« BOSWELL. »Ich bin Physiognomiker. Glauben Sie mir, ich verstehe etwas vom Mienenspiel und kann mich auf meine Rückschlüsse verlassen.« Er schien mir recht zu geben. ROUSSEAU. »Und doch sind die Gesichtszüge, glaube ich, von Volk zu Volk verschieden, wie Tonfall und Klangfarbe der Stimme; und diese Abweichungen lassen auf Unterschiede im Gefühlsleben der Völker schließen.« Die Bemerkung schien mir neu und sehr sinnreich. BOSWELL. »Mit der Zeit lernt man sie begreifen.«

ROUSSEAU. »Die Straßen sind schlecht. Sie werden sich verspäten.« BOSWELL. »Die schlechten Strecken gehe ich zu Fuß, die letzten paar Wegmeilen sind gut. – Glauben Sie, daß ich zum Rechtsanwalt tauge?« ROUSSEAU. »Gewiß. Nur schade, daß Sie über das nötige Mundwerk verfügen, um auch eine faule Sache zu verteidigen.«

BOSWELL. »Haben Sie mir irgendwelche Aufträge für Italien?« ROUSSEAU. »Ich werde Ihnen nach Genf einen Brief schicken, zur Beförderung nach Parma.« BOSWELL. »Kann ich Ihnen dort irgend etwas besorgen?« ROUSSEAU. »Ein paar hübsche Opernarien.« BOSWELL. »Aber gerne. Ach, ich hatte Ihnen so viel zu sagen, daß ich ganz versäumt habe, Sie zu bitten, mir etwas vorzuspielen.« ROUSSEAU. »Dazu ist es zu spät.«[1]

Die Le Vasseur meldete, mein Diener warte draußen. Rousseau schloß mich in die Arme, ganz der gefühlvolle

1 Die Musik beschäftigte Rousseau sein Leben lang. Er hatte zwar keine richtige Ausbildung genossen, doch fiel es ihm leicht, einfache Melodien zu erfinden; auch verfügte er über ein gutes Urteil als Musikkritiker und Theoretiker. Bevor 1761/62 seine drei bedeutenden literarischen Werke erschienen waren, hatte er sich seinen Lebensunterhalt hauptsächlich durch das Abschreiben von Noten verdient und danach getrachtet, als Opernkomponist anzukommen. Einem seiner Versuche in dieser Richtung war Erfolg beschieden, dem »Dorfwahrsager« (»*Le devin du village*«, 1752). Inzwischen waren ihm die Artikel über Musik in der »Enzyklopädie« übertragen worden, eine Aufgabe, deren er sich schlecht und recht entledigte, doch entstand aus dieser Beschäftigung sein großes und einflußreiches »Wörterbuch der Musik«, das zur Zeit, als ihn Boswell besuchte, eben der Vollendung entgegenging.

Saint-Preux. Er küßte mich mehrmals und hielt mich mit zierlicher Herzlichkeit umfangen. Ach, nie werde ich vergessen, daß mir das einmal beschieden war. ROUSSEAU. »Leben Sie wohl. Sie sind ein prächtiger Mensch.« BOSWELL. »Sie haben mir große Güte erwiesen. Das habe ich auch verdient.« ROUSSEAU. »Freilich. Sie sind zwar boshaft, aber es ist eine erfreuliche Boshaftigkeit, die mir nicht mißfällt. Schreiben Sie mir, wie es Ihnen geht.« BOSWELL. »Und Sie werden mir auch schreiben?« ROUSSEAU. »Ich weiß nicht, wo ich Sie erreichen kann.« BOSWELL. »Doch, schreiben Sie mir einfach nach Schottland.« ROUSSEAU. »Gewiß, schon nach Paris.« BOSWELL. »Ausgezeichnet. Wenn ich zwanzig Jahre lang lebe, werden Sie mir zwanzig Jahre lang schreiben?« ROUSSEAU. »Ja.« BOSWELL. »Leben Sie wohl. Wenn Sie in sieben Jahren noch am Leben sind, komme ich von Schottland wieder nach der Schweiz, um Sie zu besuchen.« ROUSSEAU. »Tun Sie das. Wir sind dann alte Bekannte.« BOSWELL. »Nur noch ein Wort. Kann ich sicher sein, daß ich mit Ihnen verbunden bin, und sei es auch durch den allerfeinsten Faden? Durch ein Haar?« (Ich faßte nach einem Haar auf meinem Kopf.) ROUSSEAU. »Gewiß. Vergessen Sie nicht, daß es Punkte gibt, in denen unsere Seelen sich berühren.« BOSWELL. »Das genügt mir. Ich, der ich bei meinem Hang zur Schwermut oft an mir verzweifle, als an einem Nichtsnutz, der aus diesem Leben gehen sollte – ich werde mich stets an den Gedanken klammern, mit Rousseau verbunden zu sein. Leben Sie wohl. Ha, ich werde bis ans Ende meiner Tage leben!« ROUSSEAU. »Das muß man ja zweifellos.[1] Leben Sie wohl.«

---

1 Boswell zitiert aus dem »Emil«, aus dem 24. Abschnitt des zweiten Buches; Rousseau tut, als erkenne er die Anspielung nicht und gibt dem Satz eine ironische Wendung. Die Stelle, an die Boswell denkt, lautet folgendermaßen: »Lebe naturgemäß, sei geduldig und lasse dich nicht mit Ärzten ein! Du wirst dadurch zwar dem Tode nicht entrinnen, wirst aber auch nur einmal seine Schrecken empfinden, während jene deine Einbildungskraft täglich beunruhigen und ihre lügnerischen Künste dir allen Lebensgenuß rauben, anstatt deine Tage zu verlängern. Ich muß mir immer wieder die Frage vorlegen, welch wahres Gut die ärztliche Kunst dem Menschen eigentlich bereitet hat. Einige von denen, die sie heilt, würden sterben, das stimmt;

Die Le Vasseur begleitete mich bis zur Haustüre. Vor dem Essen hatte sie zu mir gesagt: »Herr Rousseau hält große Stücke auf Sie. Das erste Mal, als sie kamen, sagte ich zu ihm, ›der Herr hat ein ehrliches Gesicht. Er wird Ihnen sicher gefallen‹.« Ich erwiderte, die Mamsell sei Menschenkennerin. »Freilich«, meinte sie, »im Laufe der zweiundzwanzig Jahre, die ich nun bei Herrn Rousseau bin, habe ich genug Fremde gesehen, und ich kann Ihnen sagen, viele habe ich kurz abgefertigt, weil mir ihr Gerede nicht gefiel.« Ich sagte: »Sie haben versprochen, mir von Zeit zu Zeit Nachricht von Ihnen zu geben«, was sie bestätigte. »Und sagen Sie mir, was ich Ihnen von Genf aus schicken kann. Keine Umstände, bitte!« »Nun, wenn Sie wollen, eine Granathalskette.«[1]

Wir schüttelten uns herzlich die Hand, und dann ging ich in den Gasthof zurück. Die älteste der Wirtinnen schaute mich an und sagte: »Sie weinen ja, mein Herr.« Dies halte ich fest, weil es für meine Menschlichkeit spricht. »Nein«, erwiderte ich, »aber ich bin betrübt, von Herrn Rousseau zu scheiden. In sieben Jahren komme ich wieder.« Ich stieg zu Pferd und ritt an Rousseaus Haus vorüber. Die Jungfer Le Vasseur stand unter der Türe und rief: »Gute Reise; schreiben Sie uns«, die Brave. In ernster Stimmung ritt ich nach Yverdon und machte mir Gedanken darüber, wie mir wohl dieser Tag in ein paar Jahren vorkommen wird. Freiherr von Brackel und seine Frau begrüßten mich herzlich, aber ich war eher abgespannt, kein Wunder nach der Anspannung der letzten Tage.

Sonntag, 16. Dezember. In Brackels Wagen fuhr ich mit Frau de Coppet nach Giez hinaus, dem Landsitz von Sir Ja-

---

dafür würden aber auch Millionen, die sie tötet, am Leben bleiben. Mensch, wenn du gescheit bist, spiele nicht in dieser Lotterie, wo du gar keine Aussicht hast! Leide, stirb oder genese, vor allem aber lebe bis zu deiner letzten Stunde.«

1 Die er ihr besorgte, siehe S. 150. Auch findet sich im Ausgabenbuch unter dem 10. Dezember ein geheimnisvoller Posten von vier Talern »für eine gewisse Angelegenheit«, was wohl ein Entgelt für Therese gewesen sein dürfte.

mes Kinloch. Dort trafen wir den Freiherrn, der uns vorausgeritten war, Frau Paccotton, eine Tochter von Sir James, die von ihrem schuftigen Gatten getrennt lebt, und Fräulein Susette, die jüngste Tochter, abgesehen von meiner Utrechter Freundin. Wir tafelten und sangen fröhliche Lieder. Ich gab ein paar alte schottische Volksweisen zum besten, die Sir James mitsummte, so gut er konnte, offenbar höchlich erbaut. Beinahe fühlte ich mich nach Schottland zurückversetzt, nur daß die Art, den Sonntag zu feiern, grundverschieden war. Freiherr von Brackel war nicht einverstanden mit Rousseaus Katzenlehre; »denn«, meinte er, »es kann als ausgemacht gelten, daß die Katze ein undankbares Tier ist, und was ihre Selbständigkeit anbetrifft, ich habe da einmal eine dressierte Katze gesehen, die so folgsam war, wie es ein Tier überhaupt sein kann. Rousseau ist ein eigenartiger Mensch. Ich hörte ihn einmal sagen, er habe seit zwanzig Jahren nichts mehr gelesen. Dabei führt er Schriftsteller an, die seither geschrieben haben.«[1] Kurz, der Freiherr ist kein Freund von Rousseau. Er scheint zu den Anhängern Voltaires zu gehören.

Um vier kehrten wir zurück, zogen uns um und begaben uns aufs Schloß, wie es hier am Sonntag üblich ist. Eine ansehnliche Gesellschaft saß bereits beim Kartenspiel beisammen. Zum Abendessen waren wir unser vierzehn. Der Landvogt unterhielt sich mit mir des längeren über Rousseau. »Als er von der Verfügung des Pariser Parlaments hörte, geriet er in Wut. Er war hier bei uns und wollte ganz empört eine Entgegnung einrücken lassen in eine Berner Zeitung, wobei er Paris mit Toulouse verglich.[2] Ich fragte ihn, ob er sich der Folgen bewußt sei. ›Der französische Gesand-

---

1 Voltaires »Philosophisches Wörterbuch« zum Beispiel.

2 Wo noch unlängst (9. März 1762) ein französischer Protestant, Jean Calas, gefoltert und aufs Rad geflochten worden war, weil er angeblich seinen Sohn ermordet hatte, um dessen Übertritt zum Katholizismus zu verhindern. Voltaire hatte sich der Sache angenommen und sie an die große Glocke gehängt. Dank seinen unablässigen Bemühungen wurde das Urteil gegen Calas als null und nichtig erklärt, der Tote rehabilitiert und seinen Angehörigen Schadenersatz geleistet.

te in Solothurn wird Klage einreichen, man wird Sie festnehmen. Nein, Sie dürfen das nicht einsenden.‹ ›Gut‹, sagte er, ›ich werde es nicht tun. Vielleicht werde ich Ihnen eines Tages dafür Dank wissen; gegenwärtig empfinde ich anders‹. Die Genfer Verfügung traf ihn ins Herz. Er war furchtbar niedergeschlagen. Von Bern kam ein Ausweisungsbefehl. Um Zeit zu gewinnen, schrieb ich zurück, er sei krank. Ein zweiter Befehl traf ein. Da brachte ich es ihm schonend bei. ›Fühlen Sie sich hier wohl?‹ ›Ja, nur daß zu viele Leute herkommen.‹ ›Ich glaube, in Môtiers wären Sie besser aufgehoben.‹ Er sah mich durchbohrend an. ›Ich glaube zu verstehen.‹ ›Ja, Sie haben recht verstanden.‹ Das Haus, in dem er jetzt wohnt, hatte ich bereits mit Beschlag belegt. Er reiste noch am selben Tag ab. Als er sich verabschieden kam, hatte er Tränen in den Augen. ›Freudentränen‹, erklärte er, ›weil ich Sie kennengelernt habe.‹«

Der Landvogt wußte noch mehr von ihm zu erzählen. »Einst fragte ich ihn, wie es möglich sei, daß ein und derselbe Mensch die Abhandlung über die Ungleichheit und den Dorfwahrsager schreiben konnte. ›Ich bin krank‹, erwiderte er. ›Wenn ich meinen schwarzen Tag habe, sind auch meine Gedanken finster. Die Ungleichheit schrieb ich in einem Walde, wo ich drei Monate lang keine Seele sah. Der Dorfwahrsager dagegen entstand, als ich drei Wochen lang in lustiger Gesellschaft gewesen war.‹ ›Sind Sie selber Saint-Preux?‹ ›Die Geschichte ist in ihren Grundzügen wahr. Mehr kann ich jetzt nicht sagen. Später vielleicht.‹ Dagegen gab er zu, selber der junge Mann bei dem savoyischen Vikar zu sein, dessen Glaubensbekenntnis nicht erfunden ist. Rousseau hat mir gesagt, er habe es in seine eigenen Worte gekleidet, jedoch nicht einen einzigen Gedanken hinzugefügt.[1] Die Frauen sind seine Hauptleidenschaft. Man

---

1 Es wird angenommen, daß in dem Vikar Eigenschaften zweier Priester vereinigt sind, mit denen Rousseau in der denkwürdigen Zeit nach seinem Glaubenswechsel in Turin sich befreundete: Gaime und Gâtier mit Namen.

sieht es aus seinen Augen blitzen, wenn er von ihnen spricht. Eine Frau auszuhalten, findet er nicht verwerflich. Für die Bürger eines Staates sieht er zwar Gesetze vor, sich selber hält er aber für einen Sonderfall.[1] Er meint, von seinem ›Emil‹ sollte man soviel verwirklichen, als irgend anginge.« Ich fragte den Landvogt, ob er glaube, daß Rousseau Gutes bewirkt habe für die Allgemeinheit. Seine Antwort lautete: »Er hätte Gutes bewirken können, hat es aber nicht getan. Zumeist hat er ruhmeshalber geschrieben.«

Wir speisten gut zu Abend und kehrten dann in den Saal zurück, wo wir *vaut rien* spielten, eine Art Haschespiel. Es geht hierzulande gar nicht steif und förmlich zu. Der Landvogt selber trug keine Bedenken, mit uns um die Wette herumzuspringen, was seiner Würde keineswegs Abbruch tat.

Montag, 17. Dezember. Ich schrieb den ganzen Vormittag und wurde dabei mißmutig und stumpf. Nach Tisch meinte Brackel, wenn ich in Holland geblieben wäre, hätte ich den Verstand verloren. Abends fand sich eine zahlreiche Gesellschaft zum Kartenspiel ein. Viele blieben zum Abendessen, darunter auch die Freundin von Margarete Kinloch, Fräulein Martin, ein liebliches Geschöpf.

Dienstag, 18. Dezember.[2] Ich hätte heute vormittag abreisen sollen, ließ mich aber zum Bleiben bewegen, um an der Abendgesellschaft eines Parisers namens du Foin teilzunehmen, eines gemütlichen Mannes, der die Kantone der Schweiz mit Salz beliefert. Seine Frau ist rundlich und lebhaft, aber so überspannt, daß sie des Nachts Gesichte hat.

Ich ging zu Fuß nach Chamblon hinaus, Brackels Landsitz, wobei ich mir sagte: »Ich bin auf dem besten Wege,

---

1 Der Merkzettel hat hier noch: »Kein Vaterland für ihn, keine Gesetze usw. Seiner Vaterstadt Genf fügt er sich nicht.« Nach Rousseaus eigenen Angaben war Therese schon Jahre vor der Veröffentlichung des »Emil« nichts weiter als seine Wirtschafterin und Pflegerin gewesen. Er hätte sich Anfeindungen ersparen können, wenn er die Heirat nicht so lange hinausgeschoben hätte (sie fand erst 1768 statt und auch dann noch auf eine unbürgerliche Art), aber er haßte unwiderrufliche Bindungen und gab überhaupt nicht viel auf die sogenannte Lebensklugheit.

2 ». . . vermeide jegliches Getue. Schwöre, dich keiner Gefahr seitens der Weiber auszusetzen« (Merkzettel, 18. Dezember).

mich zum Tagesschriftsteller auszubilden, indem ich mir einen Vorrat an Anekdoten anlege *quas mox depromere possim*[1].« Joseph, der Kutscher, führte mich im Haus herum; die Zimmer waren klein, nur von einem, das verschlossen war, behauptete Joseph, um die Ehre des Hauses zu retten, es sei großartig. Als ich dies nachher im Familienkreis erzählte, entstand allgemeine Heiterkeit.

Nach Tisch begleitete mich der Freiherr zum Schloß, wo ich mich in aller Form vom Landvogt verabschiedete. Nach Hause zurückgekehrt, traf ich dort eine Frau Irwine, die zum Gefolge der Prinzessin von Wales gehört hatte. Ich war in einer kauzigen Stimmung; als von Holland die Rede war, behauptete ich, die Frauen dortzulande seien kugelrund, und da die Holländer sehr sparsam sind, sehe man sie häufig ihre Frauen durch die Straßen vor sich her rollen; da sie auch peinlich auf Sauberkeit halten, wickeln sie ihre Frauen dabei in einen Wachstuchüberzug ein. Was für eine läppische Vorstellung!

Zum Abendessen bei du Foin war auch der Landvogt zugegen sowie eine artige Neuenburgerin namens de Luze, die Verse schreibt und Rousseau bewundert. Sie hat ein hübsches Töchterchen, das spaßeshalber »Madame Jean-Jacques« genannt wurde. Ich trennte mich ungern von diesen Menschen, die so gut, gastfreundlich und lebenslustig sind. Als wir nach Hause zurückkamen, wurde uns noch ein feiner Likör aufgestellt. Brackel stand früher in französischen Diensten, im Regiment des großen Marschalls von Sachsen, mit dem er auf vertrautem Fuße verkehrte.[2] Wie sich herausstellte, war er einst ein großer Schwerenöter gewesen. Er erzählte mir von seinem Leben in Paris, von einem ausgehaltenen Frauenzimmer, das er besuchte,

1 »Die ich vielleicht demnächst verwerten kann« (Horaz, Briefe 1, 1, 12).

2 Marschall von Sachsen, berühmter französischer Feldherr, Sieger von Fontenoy. Ein natürlicher Sohn Augusts des Starken, wies er eine große Ähnlichkeit mit seinem Vater auf, sowohl die Stärke wie auch die Ausschweifungen betreffend. Er wurde 1726 zum Herzog von Kurland erkoren, konnte aber seine Herrschaft dort nur ein Jahr lang ausüben.

wenn der *payeur* abwesend war. Es ist seltsam, einen Mann zu sehen, der sich nach einem fortgesetzten Lebenswandel schließlich zu einem würdevollen Familienvater durchgemausert hat.

Mittwoch, 19. Dezember. Es war kein Reisewagen aufzutreiben, so daß ich noch einen Tag hierbleiben mußte. Ich verbrachte die meiste Zeit hübsch in meinen vier Wänden, abgesehen von einem Rundgang mit Brackel, dessen Weltanschauung ich anfocht. Er hat noch große Besitzungen in Kurland, lebt aber in der Schweiz und trägt sich mit dem Gedanken, sein Stammgut zu verkaufen. Abends war ich zu kalberig. Es besteht ein himmelweiter Unterschied zwischen maßloser Heiterkeit und einem Glas, das die Lebensfreude anregt.

Donnerstag, 20. Dezember. Von meiner liebenswürdigen Gastgeberin hatte ich mich schon gestern abend verabschiedet. Heute morgen war der Freiherr auf, um mich zum Abschied nochmals herzlich zu umarmen. Auf üblen Straßen kam ich nach Lausanne, wo ich abends eintraf.

Freitag, 21. Dezember.[1] Es nahm mich wunder, was für Briten hier lebten. Unter anderen nannte man mir »Monsieur Gra-am«, einen Schotten. Ich suchte den jungen Murray auf, einen Neffen Lord Elibanks, der mir über Lausanne ausführlich Bescheid gab, und als wer entpuppte sich dieser »Gra-am«? Es war niemand anders als der junge Graham von Gartmore. Ich eilte, ihn zu besuchen, und wir feierten ein freudiges Wiedersehen. Er war voller Übermut. Es tat mir wohl zu sehen, daß ein Rechtsanwalt nicht unbedingt ein Griesgram sein muß.[2] Er schimpft auf das Gericht und darauf, sein Leben lang dazu verdammt zu sein, Akten zu

1 »Gestern ... unpäßlich. Spaßte zuviel mit Jakob. Abends überaß ich mich; wurde von unsauberen Gedanken heimgesucht ... Nimm dir vor, nie wieder, und lebe mäßiger ...« (Merkzettel, 21. Dezember).

2 Grahams Vater, Nicholas Graham von Gartmore, glich insofern Boswells Vater, als er auch Rechtsgelehrter und Gutsbesitzer in einem war, und der junge Graham (mit Vornamen William) folgte in den Fußstapfen seines Vaters. Daher Boswells besondere Anteilnahme.

wälzen. Ich sagte, ein Rechtsanwalt sollte, wie ein preußischer Soldat, von Kindsbeinen an in seinen Beruf hineinwachsen und nichts anderes kennen.

Die Liebhabereien von Rechtsanwälten bestehen nicht in der Betätigung literarischer und künstlerischer Neigungen; diese würden sie für ihren trockenen Beruf untauglich machen. Ihr Zeitvertreib besteht im herzhaften Essen und Trinken, mit Jubel, Trubel, Heiterkeit, wonach sie jeweils zu ihrer Arbeit zurückkehren, wie der Gaul von der Krippe. Als ich so mit Graham in Lausanne umherschlenderte, war ich ebensowenig ein Rechtsanwalt wie ein Kapitän zur See. Graham hatte den Winter in Frankreich verbracht und war voll von diesem reizvollen Land. Er schien höchlich erbaut von der Abfuhr, die Lord Kames sich in der *»Gazette littéraire«* geholt hatte, und nannte ihn den unausgeglichensten Menschen, den es gibt.

Graham war zum Essen bereits verabredet. So speiste ich im Gasthof an der allgemeinen Mittagstafel und begab mich nachher zu Fuß zum Landsitz des Prinzen Ludwig Eugen von Württemberg-Stuttgart, der ein Mann von höchst liebenswürdigem Wesen ist.[1] Er hat eine Komteß geheiratet, also unverzeihlicherweise weit unter seinem Stand; so lebt er denn hier in glücklicher Zurückgezogenheit. Ich ließ mich bei ihm melden und bat um die Ehre, ihm meine Aufwartung machen zu dürfen. Er empfing mich, und ich fand ihn reizend. Da er eine Zeitlang in französischen Diensten gestanden hat, ist er es gewohnt, nach Art dieses Volkes aus sich herauszugehen; dabei ist er ein gebildeter Mensch, der etwas kann. Er bewundert Rousseau und befolgt weitgehend dessen Erziehungsgrundsätze. Die Prinzessin ist damit einverstanden, so daß die beiden Töchter ein Beispiel für die neue Methode abgeben werden. Ich hatte davon gehört und sagte: »Ich würde gerne einmal ein Kind sehen,

1 Ludwig Eugen (1731–1795) folgte erst 1793 auf seinen selbstherrlichen Bruder Karl Eugen als regierender Herzog von Württemberg.

das nach Rousseaus Grundsätzen erzogen wird.« Worauf der Prinz sagte: »Ihnen kann geholfen werden.« Er ließ die beiden Töchter hereinbringen, von denen er die ältere Sophie getauft hat, ein dralles Ding. Die andere war zarter, doch schienen beide gesund und munter. Es war wirklich ein allerliebstes Bild.[1] Der Kaplan war in China gewesen und zeichnete sich durch ein nüchtern-sachliches Wesen aus. Ich war ungemein befriedigt von der Stunde, die ich hier verbrachte. Die Prinzessin war eine sanfte, freundliche kleine Frau. Das war ein ganz hübsches Erlebnis. Vielleicht werde ich dem Prinzen schreiben.

Dann ging ich mit Graham in den sogenannten Zirkel, wo ich etwa fünfzehn Engländer traf, die Whist spielten und sich sehr lärmig aufführten.[2] Sie schlugen mir aufs Gemüt. Ich hätte nicht unerwähnt lassen sollen, daß ich Frau d'Hermenches besuchte, die Gattin Oberst Constants im Haag. Sie begrüßte mich sehr höflich.[3] Zum Abendessen war ich mit Graham bei seinem Wirt, wo auch die beiden Grenvilles wohnen, zwei waschechte Engländer. Ein Fräulein d'Illens speiste mit uns. Sie hatte etwas liebenswürdig Schmachtendes. Ich saß neben ihr und zog sie oft ins Gespräch. Lausanne ist eine schöne, luftige, angenehme Stadt, wo es nicht steif zugeht, wie mir Graham versicherte.

Samstag, 22. Dezember. Es war eine gute Tagesfahrt bis Genf.[4] Wunderlich waren meine Gedanken beim Betreten

---

1 Sophie hieß Emils Geliebte. Nach Boswells Beschreibung würde man kaum vermuten, daß die beiden erst achtzehn, beziehungsweise fünf Monate alt waren.

2 Gibbon, der diesem Zirkel auch angehörte, äußerte sich folgendermaßen darüber: »Es ist eine Vereinigung, in der man seine Mußestunden recht angenehm verbringen kann. Sie besteht aus etwa achtzig Mitgliedern: Ausländern und Standespersonen aus der Stadt, und drei Neinstimmen genügen, um jemand auszuschließen. Sie verfügt über eine Anzahl schöner Räume, wo man immer Karten, Unterhaltung, Zeitungen usw. findet, mit einem Wort, es ist ein besseres Kaffeehaus (»Gibbons Lausanner Tagebuch 1763/64«, herausgegeben von Georges Bonnard, Lausanne 1945, S. 25).

3 Louise de Constant d'Hermenches und ihr Gatte lebten damals offenbar nicht mehr viel beieinander. Sie war sieben Jahre älter als er und kränkelte.

4 Der Merkzettel ist hier etwas ausführlicher: »Hatte gestern nur zwei Stunden geschlafen. Brach kurz nach vier auf, ganz elend. Ging zu Fuß und erholte mich. Speiste in Nyon mit französischen Offizieren. Kam um fünf in Genf an ...«

dieser Hochburg des Kalvinismus. Ich stieg in den »Drei Königen« ab und schickte sogleich zu Cazenove, Clavière et fils, der Briefschaften wegen. Der junge Cazenove brachte mir ein ganzes Bündel, was mich sehr glücklich machte. Es waren Briefe darunter vom Markgrafen von Baden-Durlach, von Rousseau, von Temple und von Erskine.[1] Was für ein Sammelsurium! Ich speiste an der allgemeinen Tafel, wo ich mit einem Herrn von La Sale aus Paris ins Gespräch kam.

[Erhalten am 22. Dezember, Rousseau an Boswell. Original französisch]

Môtiers-Travers, den 20. Dezember 1764

HIER, GEEHRTER HERR BOSWELL, ist der Brief, von dem ich Ihnen sagte. Ich glaube, Sie werden es nicht bereuen, den Empfänger kennengelernt zu haben; er ist ein Mensch mit Gedanken im Kopf und Güte im Herzen. Wo er wohnt, werden Sie am Hofe zu Parma erfragen können, an welchem er meines Wissens als Vorleser oder Bibliothekar des jungen Prinzen waltet. Ich wünsche Ihnen eine gute Reise und umarme Sie von ganzem Herzen. J. J. ROUSSEAU

Seit Ihrer Abreise habe ich zwei Briefe von Lord Marischal erhalten. Es geht ihm gut, er wird über den Karneval in Berlin sein.[2]

1 Der Brief von Erskine ist nicht erhalten. Boswells Freund The Honourable Andrew Erskine hatte 1745 am jakobitischen Aufstand teilgenommen und nach dessen Niederwerfung drei Jahre Festungshaft in Edinburg abgesessen. Über Temple s. unten, S. 125.

2 Rousseaus *»va venir passer«* dürfte eine Verschreibung sein.

[Rousseau an Alexandre Deleyre. Original französisch[1]]

Môtiers, den 20. Dezember 1764

ICH BENUTZE DIE GELEGENHEIT, MEIN LIEBER FREUND, Ihnen durch Herrn Boswell, einen vornehmen Schotten, der demnächst eine Italienreise antritt, einen kurzen Gruß zu schikken und Ihnen zu sagen, wie sehr mich Ihr letzter Brief im Innersten gerührt und erfreut hat. Obwohl ich nie um jemandes Gunst gebuhlt habe, bin ich doch immer so bereitwillig auf die Annäherungen von Tausenden von Leuten eingegangen, die um die meine buhlten, daß ich mich ihnen gewissermaßen an den Hals geworfen habe. Die meisten sind beim ersten Rückschlag von mir abgefallen, und siehe da, fast der einzige, dem ich es nicht leichtgemacht habe, bleibt bei mir, tröstet mich in meinem Unglück und verzeiht mir, was ich an ihm gefehlt. Lieber Deleyre, ich bin zweifellos ein saumseliger Briefschreiber; falls Ihnen aber meine aufrichtige Freundschaft noch genehm ist, betrachten Sie meine Saumseligkeit bitte nicht als Verlust, ich werde dafür sorgen, daß Sie auf Ihre Rechnung kommen.

Es freut mich, die Bekanntschaft zwischen Herrn Boswell und Ihnen vermitteln zu können; ich glaube, Sie werden mir beide dafür Dank wissen. In dem ersten Brief, den er mir schrieb, nannte er sich einen Mann »von einzigartigem Verdienst«. Ich war neugierig, einen Menschen zu sehen, der so von sich selber spricht, und fand, daß er nicht übertrieben hatte. In seiner Jugend sind ihm streng kalvinistische Anschauungen eingetrichtert worden, und die spuken ihm noch jetzt im Kopf herum und machen ihm trübe Stun-

1 Daß Rousseau diesen Brief geschrieben hat, war schon lange bekannt, doch hat sich das Original nie gefunden. Er erscheint jetzt [1953] zum erstenmal gedruckt, nach einer Abschrift Boswells, hier in deutscher Übersetzung. Alexandre Deleyre (1726–1797) war der Verfasser zweier Lustspiele und von Werken über Bacon und Montesquieu. Er hatte Rousseau in Paris kennengelernt und war auch nach Rousseaus Bruch mit Diderot und den anderen Enzyklopädisten sein treuer Freund und Jünger geblieben. Sein Söhnchen erzog er nach Emilschen Grundsätzen und schrieb Rousseau lange und innige Briefe, fast ebenso schwärmerisch im Ton wie diejenigen Boswells.

den. Ich habe ihm geraten, sich auf seiner Italienfahrt dem Studium der schönen Künste zu widmen. Wenn Sie mit ihm philosophieren, halten Sie bitte Ihre eigenen Neigungen im Zaum und stellen Sie ihm moralische Gegenstände nur von ihrer tröstlichen und rührenden Seite dar. Er ist ein Rekonvaleszent, dem der geringste Rückfall unfehlbar zum Verhängnis würde. Ich hätte an ihm Anteil genommen, auch wenn er mir nicht von Lord Marischal empfohlen worden wäre. Ihnen brauche ich weiter nichts zu sagen.

Ich bin im Begriff, Unterhandlungen abzuschließen, die mir vielleicht für den Rest meines Lebens Ruhe und Brot verschaffen. Beides habe ich nötig, da ich gegenwärtig bei meiner körperlichen und seelischen Verfassung zur Untätigkeit verdammt bin. Es handelt sich um eine Gesamtausgabe meiner Schriften, die eine Gesellschaft hier unter meiner Aufsicht veranstalten will, und durch die ich mich endgültig von der Leserschaft verabschieden werde.

Was mir dabei Kopfzerbrechen verursacht, ist die Vorrede, die zu schreiben ich mich außerstande sehe. Hätten Sie Zeit und Lust, sich dieser Arbeit anzunehmen? Ich kann Ihnen gar nicht sagen, was für eine Wohltat Sie mir damit erwiesen. Selbstverständlich wären Sie es, der spricht, und die Vorrede würde, wenn Sie gestatten, Ihren Namen tragen. Er würde dann wohl mit meinem dasselbe Los teilen, das nicht anders als ehrenvoll ausfallen kann, da die Nachwelt immer gerecht urteilt. Überlegen Sie sich's, und geben Sie mir Bescheid, sobald Sie können; je nach Ihrer Antwort werde ich wissen, was ich zu tun habe.

Ihrer Ansicht, daß es unmöglich sei, den Korsen eine gute Verfassung zu geben, vermag ich nicht ganz beizufallen, und ich finde keineswegs, daß man dazu ein Fanatiker sein müßte. Weit entfernt zu glauben, man dürfe sich nicht in das Tun und Treiben der Menschen mischen, um sich selber Vorwürfe zu ersparen, halte ich vielmehr dafür, daß man sich einem schweren Vorwurf aussetzt, wenn man versäumt, Gutes zu tun oder dies wenigstens zu versuchen, bei einiger Aussicht auf Erfolg. Doch ist jetzt nicht der richtige Augenblick, um all das zu besprechen, und die Korsen haben zur Zeit anderes zu tun, als auf ihrer Insel eine Utopie zu verwirklichen. Es ist nicht zu bestreiten, daß Ihre Landsleute, die Franzosen, ein knechtisch gesinntes Volk sind, der Gewaltherrschaft ergeben, äußerst grausam und unbarmherzig bei der Verfolgung der Unglücklichen. Wenn ihnen etwas von einem freien Menschen am andern Ende der Welt zu Ohren käme, würden sie bestimmt dorthin ziehen, bloß um das Vergnügen zu haben, ihn auszutilgen. Leben Sie wohl.

Im vierundzwanzigsten Band von Muratoris Sammlung, *»Scriptorum rerum Italicarum«*, findet sich eine Schrift von P. Cyrnaeus, betitelt *»De rebus Corsicis«*. Ist diese Schrift nie gesondert herausgekommen? Ließe sie sich nicht ausgraben?

Sonntag, 23. Dezember. Ich schlief bis gegen neun, stand in bester Laune auf, sang und war ganz ausgelassen, und das an einem Sonntagmorgen in der Hochburg des Presbyterianismus. Um zwei holte mich ein anderer junger Cazenove ab zum Gottesdienst in der Eglise de St-Germain, da ich einmal in einer echten Genfer Kirche gewesen sein wollte. Ein großer, dämmriger Bau; ein Kantor, der mit seiner schwarzen Perücke ganz unserem Dupont[1] glich, ein Novize *(proposant)*, der aus der Bibel vorlas – kurz, ein erzpuritanisches Bild. Cazenove wollte mir einen guten Platz zuhalten, aber eine dicke alte Vettel weigerte sich, mir den

---

1 »Gestern . . . speiste an gemeinsamer Tafel, verteidigte Rousseau. Sinnliche Anfechtungen; tat wie in Hesekiels Strafe, um zu zeigen, wohin das führt. Heute Vorsätze erneuern. Um neun Kirchgang und Abendmahl . . .« (Merkzettel, 23. Dezember). »Hesekiels Strafe« (eigentlich gewisse schmerzhafte und widerliche Handlungen, die dem Propheten auferlegt wurden, als Zeichen für die gefangenen Juden) wird beschrieben Hesekiel 3, 4 und 5. Was Boswell damit meinte, steht offen.

Pierre Loumeau Dupont (gest. 1786), ein Schweizer, war seit 1725 protestantischer Pfarrer der französischen Gemeinde in Edinburg. Es ist nicht bekannt, was Boswell mit ihm verband, doch war er bis zu dessen Lebensende immer sehr gut auf ihn zu sprechen.

Blick auf Ferney
Kupferstich von Brandoin

Voltaires Lever
Gemälde von Huber

ihren abzutreten. Ihre störrische Grobheit nötigte mir ein Lächeln ab. Sie wirkte ganz wie eine unserer alten schottischen Betschwestern. Ein gewisser Le Cointe hielt eine gute, vernünftige Predigt. Nach dem Gottesdienst ergingen wir uns auf einer schönen Promenade, Bastion Bourgeois genannt, wo die Genfer und Genferinnen zusammenkommen. Dann besuchten wir Gaussen, einen hiesigen Bankier, der eine hausbackene Schottin zur Frau hat. Hierauf gingen wir noch in eine Gesellschaft junger Leute, wo wir Cazenoves Schwestern trafen. Eigentlich töricht, aber es machte mir Spaß, die Leute an einem Sonntag in Genf Karten spielen zu sehen, darunter auch einen Geistlichen. Ach, Kalvin, wo bist du geblieben?

Montag, 24. Dezember. Nachdem ich bei Cazenove, Clavière et fils vorgesprochen hatte, die mir eine Anweisung von Splitgerber und Daum auszahlten, und bei Chappuis et fils, an die ich vom Bankhaus Herries und Cochrane gewiesen worden war, nahm ich eine Kutsche und fuhr nach Ferney hinaus, wo Voltaire wohnt. Ich war in der richtigen Verfassung; hochgemut ließ ich den Blick über die verschneite Gegend schweifen und besann mich darauf, was mir der Name Voltaire bisher bedeutet hatte. Das erste, was mir auffiel, war seine Kirche, mit der Inschrift: *»Deo erexit Voltaire MDCCLXI*[1].« Sein Schloß sieht stattlich aus. Ich wurde von zwei oder drei Bedienten in Empfang genommen, die mich in ein hochelegantes Zimmer führten. Durch einen von ihnen ließ ich Voltaire einen Brief überbringen, den mir Oberst Constant im Haag mitgegeben hatte.[2] Er kam mit dem Bescheid zurück: »Herr von Voltaire ist sehr ungehalten über die Störung. Er ist im Bett.« Ich fürchtete, ihn nicht zu Gesicht zu bekommen. Ein paar Damen und Herren fanden sich ein, so daß ich eine Zeitlang Unterhaltung hatte.

---

1 Im Manuskript: MDCC–.
2 Constant d'Hermenches, siehe S. 74, Anm. Er stand mit Voltaire in Briefwechsel und hatte bei Aufführungen in Voltaires Theater in Lausanne mitgewirkt.

Schließlich ging die Türe zu Voltaires Zimmer auf, und er trat herein. Ich musterte ihn begierig und fand, er entspreche ganz der Vorstellung, die ich mir nach Abbildungen von ihm gemacht hatte. Er begrüßte mich mit Würde, in der weltläufigen Art, wie nur ein Franzose das vermag. Angetan war er mit einem blaugrauen, flauschigen Schlafrock und einer dreifachen Knotenperücke. Er saß bolzgerade auf seinem Stuhl und lächelte geziert, wenn er etwas sagte. Offenbar war er nicht in Stimmung; ich übrigens auch nicht. Ich bot höchstens einen Anblick blöder Bewunderung.

Wir sprachen von Schottland. Die Glasgower Ausgaben, meinte er, seien *»très belles«*. »Eine Kunstakademie wurde dort auch eröffnet«, sagte ich, »aber sie gedieh nicht.[1] Dafür ist bei uns nicht der rechte Boden.« Verschmitzt erwiderte er: »Nein, um gut zu malen, muß man warme Füße haben; mit kalten Füßen ist es schwierig.« Ein anderer hätte sich des langen und breiten über unser Klima ausgelassen; Voltaire gab mit einem halben Dutzend schnöder Worte den Kern der Sache.

Ich erwähnte, wie streng die *»Gazette littéraire«* mit Lord Kames' »Grundbegriffen« verfahren war. Vermutlich stammte die Besprechung von Voltaire, ich wollte ihn aber nicht fragen. Er führte einige der darin vorkommenden *bon mots* an, auf eine Art, die mich in meinem Verdacht, er sei der Verfasser, noch bestärkte. Lord Kames nannte er nur *»ce monsieur Kames«*.

Als ich ihm sagte, Johnson und ich hätten im Sinne, eine Reise nach den Hebriden, den nördlichen Inseln Schottlands, zu unternehmen, rief er lächelnd: »Sehr schön, aber ich bleibe lieber hier. Sie gestatten doch, daß ich hierbleibe?« »Gewiß.« »Dann mögen Sie meinetwegen reisen, ich habe nichts dagegen.«

---

1 Die »Glasgower Ausgaben« sind die Klassikerausgaben, die in Glasgow von Robert und Andrew Foulis veranstaltet wurden. Die Kunstakademie gehörte auch zu den Projekten von Robert Foulis. Sie wurde 1770 wiederaufgehoben.

VOLTAIRE UND PATER ADAM
Kupferstich von Joseph Lante

Ich fragte ihn, ob er immer noch Englisch spreche. »Nein«, erwiderte er, »um englisch zu sprechen, muß man die Zunge zwischen die Zähne schieben, und ich habe keine Zähne mehr.«

Er war erpicht auf Neuigkeiten aus Berlin und fragte mich, wer dort unser Gesandter sei. Als ich ihm erklärte, wir hätten nur einen Geschäftsträger dort, meinte er: »Ach, ein Geschäftsträger hat nicht viel zu tragen.« Von Hume sagte er, das sei ein echter Philosph.

Mittlerweile war der französische Jesuitenpater Adam hereingekommen, der hie ein Obdach gefunden hat. Ein Jesuit unter Voltaires Schutz, welch seltsamer Gedanke! Er ist ein lebhafter, weißhaariger Greis. Voltaire rief auf englisch: »Da kommt ein junger Mann, der Ihre Sprache lernt, ein abgedankter Soldat der Kompanie Jesu.«[1] »Ja«, meinte der Jesuitenpater, »ein junger Mann von sechzig Jahren.«

Voltaire speiste nicht mit uns. Frau Denis, seine Nichte, waltet statt seiner als Gastgeberin. Sie versteht Englisch und war bemerkenswert gut zu mir. Bei Tisch saß sie neben mir, wobei ich mich des längeren mit ihr unterhielt und wieder auftaute. Insgesamt waren wir unser zwölf; zum Haushalt gehören sieben. Die Nichte des großen Corneille wohnt hier. Sie ist mit einem gewissen Dupuits verheiratet.[2] Da die Tore Genfs um fünf schließen, mußte ich gleich nach Tisch eiligst zurückfahren, ohne Voltaire nochmals zu sehen.

In Genf meldete ich mich bei Constant Pictet, für den ich einen Brief von seiner Schwägerin, Frau d'Hermenches, hatte.[3] Ich traf seine Frau zu Hause, die mich zum Bleiben aufforderte. Sie hatte einige Leute zum Kartenspiel da, wah-

---

1 Der Jesuitenorden war in Frankreich, nach einer Untersuchung durch eine königliche Kommission aus Erzbischöfen und Bischöfen, gerade verboten worden; seine Mitglieder durften jedoch als Laienpriester im Lande bleiben.

2 Marie Dupuits de la Chaux war die Enkelin eines Vetters von Pierre Corneille.

3 Marc Samuel François de Constant war, wie Constant d'Hermenches, ein Onkel des berühmten Benjamin Constant, der erst 1767 zur Welt kam. Marc Samuel schrieb Romane und war mit Voltaire befreundet.

re Musterstücke von Genferinnen, die ich mit Rousseaus Schilderung verglich. Constant, der Herr des Hauses, war lebhaft, ohne witzig, und höflich, ohne angenehm zu sein. Viele der Anwesenden schalten auf Rousseau, seiner »Briefe vom Berge« wegen. Ihre Wut bot meinem philosophischen Gemüt ein possenhaftes Schauspiel. Einer entblödete sich nicht, von dem erlauchten Schriftsteller zu sagen: »Er ist ein Rindvieh mit Denkvermögen.« »Eher eine Schlange«, warf ein Frauenzimmer ein. O Dummheit, hat sich deine Macht je so weit erstreckt? »Wahrhaftig«, sagte ich, »es ist an der Zeit, daß ich mich verabschiede. Wie können Frauen sich gegen den Verfasser der ›Neuen Heloise‹ stellen?« Pictet, Professor der Rechte, Vater von Frau Constant, hat Lord Erskine gekannt. Er erklärte, Voltaire während einer schweren Krankheit jeden Morgen und Abend gesehen zu haben; seine Frau habe an Voltaires Bett gewacht, er sei immer ruhig gewesen. Ich blieb zum Abendessen.

Dienstag, 25. Dezember. Obwohl heute Weihnachtstag war, fastete ich fast gänzlich und kam kaum zum Haus heraus, nur in der Peterskirche war ich kurz. Sie war früher katholisch; ein schöner Bau. Der Gottesdienst war vorüber; dafür hörte ich Orgelspiel. Ich war hohen Mutes und hatte einen großartigen Einfall. Ich schrieb Frau Denis einen launigen Brief, worin ich sie bat, eine Nacht unter Voltaires Dach schlafen zu dürfen. Den Brief schickte ich durch Eilboten hin. Voltaire antwortete im Namen seiner Nichte, ich sei willkommen. Meine Seligkeit heute abend kann man sich vorstellen. Brief und Antwort werden sorgfältig archiviert.

[Boswell an Frau Denis]

Genf, den 25. Dezember 1764

ICH WENDE MICH AN SIE, GNÄDIGE FRAU, als an die Freundin des Fremdlings. Ich habe die Ehre, Sie aus höchst angenehmer Erfahrung als solche zu kennen, haben Sie mich doch gestern bei Tisch nicht nur aufs leutseligste unterhalten, sondern auch dafür gesorgt, daß ich zu einer doppelten Portion der Torte kam, auf die ich so versessen bin. Sie erinnern sich vielleicht, gnädige Frau, daß ich meine Vorliebe für diesen Nachtisch aufs entschiedenste kundgab: *»Je suis attaché á la tourte.«* Das entsprach meinem Wesen, da es zu meiner Art gehört, in wichtigen und unwichtigen Dingen frisch von der Leber weg zu reden. Nie werde ich meinen Glauben verleugnen, noch meinen Freund, meine Geliebte oder meine Torte.

Ich gebe mich, wie ich bin, was mir erfahrungsgemäß am besten steht. Früher habe ich mich allerdings oft als jemand anders gegeben, habe Vorbildern nachgelebt. Aber wie David die Rüstung Sauls zu schwer fand, so ich meine Vorbilder, die mich daran hinderten, mich frei zu bewegen. Hoffentlich ist es mir verstattet, gnädige Frau, einmal das Alte Testament anzuführen, der Nichte eines Mannes gegenüber, der es so oft im Munde geführt hat.

Nicht als ob ich meine eigene Wesensart auf die leichte Achsel nähme. Nein, gnädige Frau, ich bin stolz genug. »Stolz wie ein Schotte«, sagen die Franzosen. An mir soll es nicht liegen, wenn die Redensart außer Gebrauch gerät.

Ich muß Sie bitten, gnädige Frau, Ihren Einfluß geltend zu machen, um mir von Herrn von Voltaire einen großen Gefallen zu erwirken. Mittwoch oder Donnerstag werde ich, mit Verlaub, nochmals nach Ferney kommen. Die Tore dieser nüchternen Stadt schließen aber zu höchst verfrühter Stunde, so daß man sich gleich nach Tisch wieder in den Wagen werfen muß, ehe noch der erlauchte Herr des Hauses dazu kommt, unter seinen Gästen zu erscheinen. Außerdem glaube ich, Herr von Voltaire ist in Gegenstellung zur Sonne, wo er doch erst am Abend auftauchte. Gestern hat er einige Strahlen versandt. Ein paar Funken sprühten. Ich bin froh, wenigstens das erlebt zu haben, möchte ihn aber gerne richtig lodern sehen.

Wäre es also möglich, gnädige Frau, daß mir verstattet wird, eine Nacht unter Herrn von Voltaires Dach zu verbringen? Ich bin ein robuster Schotte. Sie können mich in der höchsten und kältesten Dachkammer unterbringen. Ich würde mich nicht einmal dagegen sträuben, auf zwei Stühlen in der Kammer Ihrer Zofe zu schlafen. Ich habe sie durch das Zimmer gehen sehen, wo wir uns vor Tisch aufhielten.

Benachrichtigen Sie mich bitte, wenn mein Ansinnen Gehör findet, damit ich eine Schlafmütze mitbringen kann. Ich versteige mich nicht zu dem Gedanken, mein Haupt sei würdig, eine von Herrn Voltaires Schlafmützen zu tragen. Es wäre ja denkbar, daß sie wie die Tarnkappe des Fortunatus oder die irgendeines Hexenmeisters die Eigenschaften ihres Herrn auf mich übertrüge, und das wäre für mein Haupt offen gestanden zuviel. Seine Dichtermütze ginge vielleicht noch, von der Denkermütze dagegen würde mir so wirblig im Kopf, daß ich nicht mehr wüßte, wohin mich wenden. Als Entgelt für den Gefallen, um den ich bitte, habe ich höchstens vielen, vielen Dank anzubieten, oder falls es Herrn von Voltaires zartes französisches Ohr nicht beleidigt, ein paar anspruchslose englische Verse. Bieten Sie bitte Ihren Einfluß auf, gnädige Frau. Auch den Beistand des ehrwürdigen Paters möchte ich erflehen, des jungen Mannes von sechzig Jahren, der unsere Sprache lernt und ein abgedankter Soldat der Kompanie Jesu ist. Eine Frau und ein Priester werden es bestimmt schaffen.

Ich habe die Ehre, gnädige Frau, zu verharren Ihr ganz ergebener Diener,

BOSWELL.

[Erhalten am 25. Dezember. Voltaire an Boswell][1]

[Ferney, 25. Dezember 1764]

Ew. Wohlgeboren werden uns viel Ehre und Vergnügen machen. Betten haben wir nur wenige, aber Sie brauchen nicht auf zwei Stühlen zu schlafen. Mein Onkel, zwar sehr krank, hat Ihre Bedeutung erahnt. Ich bin mir derselben um so eher bewußt, als ich Sie länger gesehen habe.

Mittwoch, 26. Dezember.[2] Herr von Zuylen hat mir einen freundlichen, wenn auch rätselhaften Brief geschrieben. Ich habe ihm wärmstens geantwortet, mit der Bitte, er möge sich deutlicher äußern. Dabei habe ich auch einen Brief an meine schöne Zélide beigelegt. Ihre jetzige Einstellung ist mir nicht bekannt. Seit dem Brief von ihr, den ich in Braunschweig erhielt, hat sie mir keine Zeile geschrieben, obwohl ich ihr von Berlin aus eine lange Epistel, in strengem Ton gehalten, zukommen ließ, und eine etwas mildere aus Dessau. Die Sache wird sich zweifellos aufklären.[3] Temple ist entzückt von ihrer Art und redet mir zu, sie zu heiraten, aber er kennt sie wohl nicht gut genug. Kommt Zeit, kommt Rat.

Mit dem jungen Cazenove besuchte ich einen gewissen Huber, einen höchst vielseitigen begabten Mann, der sich vor allem durch eine erstaunliche Fertigkeit im Scherenschnitt auszeichnet.[4] Er war aber zu ruppig, schalt auf Rous-

---

1 Mit einem Vermerk Boswells: »Antwort von Herrn von Voltaire, im Namen seiner Nichte.« Das Schriftstück ist tatsächlich von Voltaires Hand.

2 »Gestern ... nachts, niedrige Ausschweifung. Vorsicht. Schwöre mit gezogenem Degen, nie Wollust außer mit Hilfe einer Frau. In Turin und überhaupt Italien findest du deren genug. Laß dich aber nur mit völlig sicheren Frauenzimmern ein ...« (Merkzettel, 26. Dezember).

3 Alle diese Briefe sind abgedruckt in »Boswell in Holland«. Belles Entschuldigung war, Boswell habe ihr keine Adresse angegeben. Da ihr Briefwechsel mit ihm als heimlich galt, konnte sie sich nicht gut bei ihrem Vater danach erkundigen.

4 Namentlich Schattenbildnisse. Er konnte Voltaires Profil ausschneiden, ohne ihn anzusehen, sogar mit den Händen hinter dem Rücken.

seau, und als ich von dessen Gottesfurcht sprach, rief er: »Wo ist sein Gott?« Dann machten wir der Schwester von Mamsell Prevost unsere Aufwartung, einer gemütlich-redseligen Frau namens Bontems. Sie hatte Zélide gekannt und sagte: »Schon immer mußte alles nach ihrem Köpfchen gehen. Jetzt ist sie so weise und tiefgründig geworden, daß ich nicht mehr mitkann.« Ich speiste an der allgemeinen Tafel im Gasthof, worauf mich Frau Gaussen bei einer Deutschen namens Pallard einführte, einem liebenswürdigen, wenn auch etwas verschrobenen Frauenzimmer. Sie erzählte mir etwas Kurioses: »Es gibt hier einen jungen Russen aus guter Familie, dessen Vater es ihm strengtens verboten hat, mit Engländern zu verkehren. Sein Hofmeister wagt nicht, ihn an irgendwelche Gesellschaften mitzunehmen, wo er solchen begegnen könnte.« Das ist nicht schlecht; so wenig wissen die jungen Engländer sich zu benehmen, daß selbst die Russen ihnen aus dem Wege gehen. Das Abendessen nahm ich im Gasthof, wo mir La Sale sagte, er habe viel mit Ramsay verkehrt, dem Hofmeister des Prinzen Turenne, der, als jung, sehr witzig war. »Als ich einmal bei ihm speiste, wurde Brathuhn aufgetragen. Ich wollte, daß Seine Durchlaucht zuerst bedient werde, aber der Prinz erklärte, er esse immer nur das linke Bein. Das war noch Finesse.«

Donnerstag, 27. Dezember. Ich machte Professor Maurice meine Aufwartung, dem Freund des braven Dupont, der im Hause seines Großvaters wohnte. Ich hatte zwar keine Empfehlung an ihn, ging einfach hin, berief mich auf meine Beziehung zu Dupont, und schon herrschte zwischen uns das beste Einvernehmen. Er verfügt über ein reiches Wissen, über gesunden Menschenverstand und, soweit mit diesem vereinbar, auch über viel Phantasie. Über den Empfang konnte ich mich nicht beklagen. Etwas presbyterianisch, aber von der besten Art. Ich war wiederum zu lebhaft und hatte mich nicht in der Gewalt.

Dann begab ich mich nach Ferney, wo man mich gelassen begrüßte und zu meinem Brief beglückwünschte. Ich traf hier de Boufflers, einen richtigen Malefizkerl.[1] Er war eben dabei, eine putzmuntere kleine Genferin namens Rilliet zu zeichnen. Ein gewisser Rieu, ein Genfer, war noch da, ein massiver, wohlunterrichteter Mensch. Voltaire kam ein Weilchen zu uns heraus, speiste aber nicht mit uns. Nach Tisch kehrten wir wieder ins Wohnzimmer zurück, wo (um eine alte Redensart wieder aufzubringen), »jeder sich selbst einseifte«.[2] Die einen machten es sich am Kamin bequem, andere plauderten oder sangen oder spielten Gitarre, noch andere spielten Federball. Es war alles voll. Die Leinwand war ganz übermalt. Mein Hang zum Trübsinn machte sich bemerkbar; ich sagte mir, dies sei doch ganz wie in jedem andern Landhaus auch. Langeweile bemächtigte sich meiner. Um sechs suchte ich Adam, den Jesuitenpater, in seinem Zimmer auf, wo es denkbar sauber und ordentlich aussah. Ich weiß nicht, woher es kommt, aber es ist mir schon oft aufgefallen, daß das, was ich erlebe, sich lediglich nach der Vorstellung richtet, die ich mir vorher davon gemacht habe. Gibt es wohl etwas wie ein früheres Leben? Der Pater hat in einem Jahr Englisch gelernt. Er las und übersetzte einen Aufsatz aus dem »Spectator« mit erstaunlicher Leich-

---

1 Nicht der Graf de Boufflers, den Boswell im Haag kennengelernt hatte (»Boswell in Holland«, 9. Mai und 6. Juni), sondern der bedeutend interessantere Stanislas Jean, Sohn der Marquise de Boufflers, der Konkubine Stanislas I., des abgesetzten Königs von Polen. Obwohl erst sechsundzwanzig Jahre alt, war Boufflers bereits der Liebling ganz Europas, dank seiner Leistungen als Verfasser geselliger Verse, als Maler, Militär und Liebhaber. Diesen Herbst war ihm eingefallen, er könnte Voltaire besuchen, der mit Stanislas und seiner Mutter befreundet war, wobei er vor seiner Ankunft in Ferney die Schweiz inkognito bereist hatte, als fahrender Künstler, der die Damen abkonterfeite und sich mit ihnen einließ. In einem Brief an seine Mutter erwähnte er damals einen Gast, bei dem es sich um Boswell handeln dürfte: »ein Engländer, der es nie müde wird, Voltaire englisch sprechen und die sämtlichen Gedichte Drydens hersagen zu hören.« Voltaire war außerordentlich eingenommen von Boufflers; der junge und der alte Schwerenöter tauschten lustige und anzügliche Verse aus, die man in ihren gesammelten Werken nachlesen kann.

2 Das Motto des »Schaumschlägerklubs«, eines Heiterkeitsvereins, den Boswell 1760, von London nach Edinburg zurückkehrend, mit mehreren schwadronierenden Kumpanen gegründet hatte. Die Redensart, »jeder soll sich selbst einseifen«, scheint ungefähr dem entsprochen zu haben, was ein bedeutenderer Zeitgenosse mit den Worten ausdrückte, es müsse jeder nach seiner eigenen Fasson selig werden.

tigkeit. Er und Rieu waren des Lobes voll über Voltaires Wohltätigkeit – wie er Freunde und Fremde bewirtet, wie er etwa fünfzig Leute im Schloß beschäftigt, da die Dienerschaft heiratet und Kinder hat, und wie er für das zum Herrschaftshaus gehörige Dorf sorgt.

Zwischen sieben und acht benachrichtigte man uns, Voltaire sei im Wohnzimmer. Er taucht immer ungefähr um diese Stunde auf, zieht an der Klingel und verlangt nach dem Pater. Dieser ist sogleich zur Stelle, und dann spielen sie zusammen Schach. Ich stellte mich neben Voltaire und schlug gleich den richtigen Ton an. Er sprach bald englisch, bald französisch. Als ich zu schnell sprach, wies er mich scharf zurecht. »Wie schnell ihr Ausländer immer redet!« »Wir finden dasselbe von den Franzosen.« »Nun, ich für mein Teil rede nicht schnell. Ich rede langsam und gemessen.« Das sagte er mit großem Nachdruck. Er geriet in angeregte Stimmung. Ich verzichtete auf das Abendessen, um den großen Mann etwa anderthalb Stunden für mich allein zu haben. Angaben darüber habe ich in einem Brief an Temple gemacht, und da unsere Unterredung sehr lange war, werde ich sie noch in einer gesonderten Aufzeichnung ausführlich festhalten.[1] Als die Gesellschaft sich wieder einfand, zog sich Voltaire zurück. Man sah mich gleichmütig und ohne Neid an. Frau Denis bestand darauf, ich müsse etwas essen; ich hatte nichts dagegen, und so wurde mir im Wohnzimmer an einem Tischchen eine Mahlzeit aufgetragen, der ich herzhaft zusprach, inmitten der munteren Gesellschaft. Ich war guter Dinge und sagte: »Ich bin die Herrlichkeit selber. Ich speise allein, wie der König von England.«[2] Kurz, es war ein ergiebiger Abend.

---

1 Der Brief an Temple und ein Teil der »gesonderten Aufzeichnungen« mit noch andern diesbezüglichen Notizen finden sich in dieser Ausgabe anschließend an den Tagebucheintrag vom 28. Dezember.

2 Der Merkzettel verzeichnet noch ein paar Worte mit dem Jesuitenpater: BOSWELL. »Würden Sie mir bitte etwas Wein einschenken?« PATER ADAM. »Gerne.« BOSWELL. »Wie, Sie reichen den Pokal einem Laien?«

Freitag, 28. Dezember. Gestern abend behandelte mich Voltaire mit höflicher Ehrerbietung: »Ich bedaure, daß Sie so schlecht untergebracht sind.« Ich sollte eine gute Meinung von mir haben, aber infolge meiner unglücklichen Erziehung fehlt es mir an Selbstbewußtsein. Ich war recht vornehm untergebracht. Das Zimmer war hübsch; das Bett, violetter Stoff, mit gestepptem weißem Satin überzogen; der Kamin aus Marmor, darüber ein französisches Gemälde. Voltaires Landhaus ist das erste, in dem ich übernachtet habe, seit ich in demjenigen einer gut schottischen Familie schlief – bei den Kellies, heißt das. Ich musterte alles aufs genaueste, und die Gedankenverbindung erwies sich als höchst kurios. Alles erinnerte mich deutlich an ein entsprechendes schottisches Haus, so daß ich mir unwillkürlich vorstellte, der Herr des Hauses müsse ebenfalls ein biederer Kirchgänger und Staatsbürger sein; und dann vergegenwärtigte ich mir den tatsächlichen Hausherrn, Voltaire, den berühmten Freigeist, den Verfasser so vieler deistischer Schriften und der »Jungfrau von Orléans«.

Beim Erwachen befand ich mich übel, sogar hier. Ich erholte mich jedoch, und da ich wohl zeit meines Lebens nicht mehr hierherkommen würde und deshalb noch soviel als möglich mit Voltaire zusammensein wollte, schickte ich Jakob nach Genf, um die Kutsche für heute abzubestellen und sie erst morgen herauszubringen. Dann stürzte ich mich in die Kleider und lief in halbfertigem Aufzug in Voltaires Kirche, wo ich einen Teil einer Messe hörte und wirkliche Andacht empfand. Darauf lustwandelte ich in seinem Park, der sehr hübsch ist und eine schöne Aussicht bietet. Auf meinem Zimmer ließ ich mir dann von Voltaires Sekretär Papier bringen und schrieb an Vater, an Temple und an Sir David Dalrymple.[1] Voltaire schickte ich eine Probe meines Gedichts, betitelt »Parlament«. Auch schrieb ich meine

1 Die Briefe an Lord Auchinleck und Sir David Dalrymple sind nicht erhalten.

Ode »An die Ruhmsucht«[1] für ihn ins reine, mit folgender Zueignung: »Herrn von Voltaire, Frankreichs Stolz und Europas Staunen, in aller Bescheidenheit überreicht von James Boswell, der die Ehre hatte, ihm auf Schloß Ferney mit Achtung und Liebe zu begegnen.«

Er befand sich heute nicht wohl und erschien vor Tisch überhaupt nicht. Wir speisten wie immer sehr gut. Es war mir angenehm zu denken, daß ich auf französischem Boden weilte. Am Nachmittag war ich etwas stumpfsinnig. Um sechs ließ ich mir von Voltaires Sekretär einen Band seiner Dramen geben, aus dem ich auf meinem Zimmer den »Mohammed« las, in Voltaires eigenem Haus. Eine Seltsamkeit, das. Ein zuverlässiger Bedienter sorgte für Kaminfeuer, Wachskerzen und alles übrige. In Ferney wird noch wahre Gastfreundschaft geübt. Jeder verfügt frei über sein Zimmer und kann tun, was ihm beliebt. Gestern hätte ich erwähnen sollen, daß mich Rieu nach meiner Ankunft in eine Kammer führte, wo die Zofen sich aufhielten, damit ich angeben könne, welche ich in meinem Brief gemeint habe. Voltaire war heute abend unpäßlich und verstimmt, was mich nicht hinderte, ihn eine Zeitlang zum Reden zu bringen. Was er sagte, soll alles gesondert zusammengestellt werden. Vielleicht rücke ich es in dieses mein Tagebuch ein. Heute abend speiste ich an der Tafel. Die Beobachtung, daß es mir in gedrückter Stimmung nicht möglich ist, auch dem erlauchtesten Geist etwas abzugewinnen, setzte mir sehr zu. Das ist wirklich Pech.

---

1 In dem Verzeichnis, das dem Bodleyschen Manuskript der Gedichte Boswells beigeheftet ist, als ein Gedicht von achtundvierzig Zeilen aufgeführt, im Manuskript selber aber nicht enthalten und auch sonst nicht ans Licht gekommen.

[Boswell an Temple[1]]

Schloß Ferney, den 28. Dezember 1764

MEIN LIEBER TEMPLE, glaube nicht, daß ich Dich verunglimpfe, wenn ich meine ganze Seligkeit vor Dir ausbreite. Nachdem ich Dir für Deine beiden Briefe vom November gedankt habe, muß ich Dir mein Herz ausschütten, das sich vor Freude und Frohlocken weitet. Nenne es Schwärmerei. Nenne es, wie Du willst, aber laß mich die Sprache führen, die allein einen entfernten Begriff davon vermitteln kann, was Boswell empfindet. Wenn ich Dir lächerlich vorkomme, liegt es an der Unzulänglichkeit der Sprache als solcher.

Meine Reise durch die deutsche Hofwelt habe ich abgeschlossen. Überall fand ich große und feine Form. In Baden-Durlach fand ich inneren Wert, Gelehrsamkeit und Lebensweisheit vereinigt in dem regierenden Markgrafen. Es ist dies ein Fürst, dessen Ruhm über ganz Europa ausgebreitet zu werden verdient. Er ist der beste Landesherr, der beste Vater, der liebenswürdigste Mensch, ist weit herumgekommen, war auch in England und spricht ein erstaunlich fehlerloses Englisch. Während meines Aufenthaltes an seinem Hof habe ich viele, viele Unterredungen mit ihm gehabt. Er zeichnete mich auf jede erdenkliche Art aus. Der Kustos seiner Sammlungen, sein Bibliothekar und die Hofbediensteten hatten Anweisung, mir meinen Aufenthalt so angenehm als nur möglich zu machen. Die Markgräfin, die viel Sinn für die schönen Künste hat und selber vorzüglich malt, begegnete mir höchst huldselig, und der Markgraf betonte, wie glücklich er sei über meinen Besuch. Ich fragte ihn, ob ich mich irgendwie erkenntlich zeigen könne, worauf er erwiderte: »Ich werde Ihnen gelegentlich schreiben. Es würde mich freuen, von Ihnen zu hören.« Er sprach im Ernst, hat

1 Der Engländer William Johnson Temple ist Boswells engster Freund seit 1755, als sie gemeinsam studierten; zunächst war er Student der Rechte, dann der Theologie und wurde Geistlicher in Cambridge.

mich bereits eines Schreibens gewürdigt. Ich habe ihm versprochen, wiederzukommen und einige Wochen an seinem Hof zu verbringen. Es ist nicht weit dahin von Frankreich aus.

Ich war bei Rousseau. Er wohnt in Môtiers-Travers, einem Dorf, das in einem schönen Tal liegt, inmitten ungeheurer Berge. Ich ging von Neuenburg aus dorthin, entschlossen, einmal regelrecht zu erproben, was ich tauge, indem ich mich dem berühmten Mann ganz ohne jede Empfehlung vorstellte. Ich schrieb ihm einen Brief, in welchem ich ihm meine Bedeutung auseinandersetzte und Anspruch darauf erhob, von ihm beachtet zu werden. »Gewähren Sie also einem Menschen Zutritt, der zu behaupten wagt, er verdiene es, über Ihre Schwelle treten zu dürfen.« Solcherart war die kühne und männliche Sprache, die ich führte. Er empfing mich, obwohl er schwer krank ist. »Ich bin krank, von Schmerzen geplagt, wirklich nicht in einem Zustand, um Besuch zu empfangen. Denjenigen Herrn Boswells kann ich mir jedoch nicht versagen, vorausgesetzt, er ist gewillt, ihn aus Rücksicht auf mein Befinden kurz zu machen.« Ich fand ihn sehr ungezwungen und natürlich. Zuerst führte er Klage über den Zustand der Menschheit, doch war ich geschickt genug, die Sprache auf Gegenstände zu bringen, die ihm zusagten, und er ging dann aus sich heraus, ganz der liebenswürdige Saint-Preux als Fünfziger. Er ist ein feiner Mann, von regelmäßiger Gesichtsbildung, mit einer wohlklingenden Stimme. Du kannst mir glauben, daß es mir nicht leichtfiel, dem Bild zu entsprechen, das ich ihm von mir entworfen, hatte ich doch alles gesagt, was ich in ehrlichem Stolz für wahr halte. Der Brief war ein rednerisches Meisterstück. Du sollst ihn sehen, wenn wir wieder zusammenkommen. Es gibt wohl in ganz Europa keinen andern, der einen solchen Brief hätte schreiben können, ohne nachher hinter dem Selbstlob zurückzubleiben. Ich hielt mich vorerst drei Tage im Dorf auf und war jeden Tag bei Rousseau. Eine Woche darauf kehrte ich nochmals zurück zu einem zweitägigen Aufenthalt. Er hat unendlich viel zu tun. Die Korsen haben ihn tatsächlich ersucht, eine Verfassung für sie zu entwerfen. Was für ein Ruhmestitel! Er sagte, »ich hätte wohl Lust dazu, aber es übersteigt meine Kräfte«. Gegenwärtig bereitet er eine glanzvolle Gesamtausgabe seiner Werke vor. Erst als ich sicher war, daß er mich um meiner selbst willen schätzte, zeigte ich ihm ein Empfehlungsschreiben, das mir Lord Marischal mitgegeben hatte. Ich zog ihn rückhaltlos ins Vertrauen, gab ihm schriftlich einen Abriß meines Lebens, den er genau las, ohne mich meiner Mängel wegen weniger zu lieben. Er erteilte mir Ratschläge, die für mein ganzes Dasein bestimmend sein werden; auch hat er versprochen, mir zu schreiben. Als ich von ihm Abschied nahm, umarmte er mich mit feiner Herzlichkeit und sagte: »Vergessen Sie mich nicht. Es gibt Punkte, in denen unsere Seelen sich berühren.« Bei meiner Ankunft in Genf fand ich einen Brief von ihm vor, mit einem Empfehlungsschreiben an einen vertrauten Freund von ihm am Hofe zu Parma, einen Mann von ungemeinem Wert. Das Schreiben ließ er offen, damit ich Einsicht nehmen könne, obwohl es von seinen wichtigsten Angelegenheiten handelt und seine innigsten Herzensergießungen enthält. Ist das nicht eine Vorzugsbehandlung, auf die ich stolz sein darf? Ich muß Dir einen Satz daraus anführen: »Es freut mich, die Bekanntnschaft zwischen Ihnen und Herrn Boswell vermitteln zu können; ich glaube Sie werden mir beide dafür Dank wissen. In dem ersten Brief, den er mir schrieb, nannte er sich einen Mann ›von einzigartigem Verdienst‹. Ich war neugierig, einen Menschen zu sehen, der so von sich selber spricht, und fand, daß er nicht übertrieben hatte.«

Und von wo aus schreibe ich Dir nun, mein Freund? Vom Schloß des Herrn von Voltaire. Ich hatte einen Brief an ihn von einem Schweizer Obersten im Haag, kam am Montag hierher und wurde ihm vorgestellt. Er empfing mich mit Würde und dem weltläufigen Gehaben, wie nur ein Franzose es sich so vollkommen aneignet. Ich sah ihn etwa eine halbe Stunde vor Tisch. Er war nicht bei Stimmung, aber es fielen doch ein paar geistreiche Sprüche für mich ab. An der Mittagstafel nahm er nicht teil, und ich mußte gleich nach Tisch wieder wegfahren, da die Tore Genfs vor fünf zugehen und Ferney eine gute Stunde außerhalb der Stadt liegt. Die kurze Begegnung mit dem führenden Kopf Frankreichs genügte mir keineswegs. Da kam mir ein verwegener Gedanke. Voltaires Nichte, Frau Denis, war mir sehr freundlich entgegengekommen. Sie hat eine Vorliebe für unsere Sprache. Ich schrieb ihr auf englisch, sie möchte sich für mich verwenden, damit ich eine Nacht unter dem Dache Voltaires verbringen dürfe, der in Gegenstellung zur Sonne erst am Abend auftaucht. Ich war höchst munter und mein Brief nicht ohne Geist. »Ich bin ein robuster Schotte«, schrieb ich, »Sie können mich in der obersten und kältesten Dachstube unterbringen. Ich würde mich nicht einmal sträuben, auf zwei Stühlen in der Kammer Ihrer Zofe zu schlafen. Ich habe sie durch das Zimmer gehen sehen, wo wir uns vor Tisch aufhielten.« Diesen Brief schickte ich am Dienstag durch Eilboten hin. Er wurde Voltaire vorgelegt, der mir im Namen seiner Nichte eigenhändig antwortete: »Sie werden uns viel Ehre und Vergnügen machen. Betten haben wir nur wenige, aber Sie brauchen nicht auf zwei Stühlen zu schlafen. Mein Onkel, zwar sehr krank, hat Ihre Bedeutung erahnt. Ich bin mir derselben um so eher bewußt, als ich Sie länger gesehen habe.« Gehorsamster Diener, lieber Temple. Wie ist Dir zumute? Hast Du so etwas wie einen alten Freund auf dieser Welt? Ist er schätzenswert oder nicht?

Gestern kehrte ich in das Zauberschloß zurück. Der Hexenmeister trat vor Tisch kurz in Erscheinung. Am Abend dagegen, als er ins Wohnzimmer kam, war er höchst wohlgelaunt. Ich nahm neben ihm Aufstellung und schlug Töne an, die einen Widerhall in ihm fanden. Ich wollte, Du hättest die Musik hören können. Er sprühte nur so von Geist. Ich brachte ihn dazu, englisch zu sprechen, was er in einem

Maße kann, daß ich von Zeit zu Zeit einen Ausruf des Erstaunens nicht unterdrücken konnte. Wenn er sich unserer Sprache bediente, beseelte ihn britischer Geist. Er schwebte dann empor, war launig, ja schrullig, führte eine kauzige Sprache, wie sie in keinem unserer Lustspiele komischer getroffen ist. Er fluchte mächtig, wie es der Brauch war, als er sich in England aufhielt. Er summte einen Gassenhauer; er sagte Reimereien her. Dann sprach er voller Begeisterung von unserer Verfassung. Es erfüllte mich mit Stolz, einen erlauchten Franzosen so reden zu hören. Schließlich kamen wir auf Glaubensfragen zu sprechen. Da legte er erst los. Die andern gingen zur Tafel. Voltaire und ich blieben im Wohnzimmer zurück, mit einer mächtigen Bibel vor uns, und wenn es je ein heftiges Streitgespräch gab zwischen zwei Menschen, dann war es das unsere. Jawohl, bei diesem Anlaß war er *ein* Menschenwesen und ich ein zweites. Eine Zeitlang standen Voltaire und Boswell sich auf gleich und gleich gegenüber. Er überschüttete mich mit Hohn und Spott und brachte mich so in Verwirrung. Wie ein Redner im alten Rom stand er da. Cicero war nie beschwingter als er es war. Er übernahm sich, ein Zittern befiel den alten Leib. »Mir ist nicht gut«, rief er, »mir wird schwindlig«, und ließ sich sanft in einen Polstersessel sinken. Als er sich erholt hatte, nahm ich das Gespräch wieder auf, schlug jedoch einen andern Ton an. Ernsthaft und bedächtig verlangte ich von ihm ein ehrliches Bekenntnis seiner wahren Gesinnung. Er legte es freimütig ab, mit einer sanften Beredsamkeit, die mir zu Herzen ging. Ich hätte es ihm nie zugetraut, daß er so denkt, wie er mir jetzt »aus innerster Überzeugung« eröffnete. Er sprach von der Verehrung, der Liebe, die er dem höchsten Wesen entgegenbringe, von seiner völligen Ergebenheit in den Willen dessen, dem alles offenbar. Er drückte den Wunsch aus, dem Urheber der Güte dadurch zu gleichen, daß er selber gut sei. Weiter begehrt er nicht zu denken. Über die Unsterblichkeit der Seele ereifert er sich nicht. Er sagt, vielleicht gebe es eine solche, aber er wisse da nicht Bescheid. Dabei hat er sich beruhigt. Ich war gerührt, empfand Bedauern. Ich zweifelte sogar an seiner Aufrichtigkeit, rief ihm voller Bewegung zu: »Sprechen Sie aufrichtig? Sprechen Sie wirklich aufrichtig?« Er antwortete: »Gott sei mein Zeuge, ja.« Dann, mit dem Gefühl, das auch seine Trauerspiele beseelt, sagte er: »Ich bin sehr leidend, aber ich leide geduldig und ergeben, nicht als Christ, sondern als Mann und Mensch.«

Temple, war das nicht ein denkwürdiges Erlebnis? Hätte sich die Reise von Schottland nach Ferney nicht schon dieser bemerkenswerten Unterredung wegen gelohnt? Ich habe sie Dir in groben Zügen geschildert. Das Gespräch des ganzen Abends ist jedoch ausführlich aufgezeichnet, und ich schätze es als eine große Kostbarkeit. Eines Tages wird es veröffentlicht werden; es soll der Welt nicht vorenthalten bleiben. Ich teilte Voltaire mit, ich hätte alles, was er gesagt, auf acht Quartseiten verewigt. Er lächelte und schien erfreut. Die Unterredung darf erst nach seinem Tode gedruckt werden. Ich habe jedoch nicht schlecht Lust, von meinem Empfang in Ferney nach London zu berichten, von dem glanzvollen Haus, das Voltaire führt und von dem sprühenden Geist des Zweiundsiebzigjährigen[1]. Dies könnte in der Form eines Briefes an Dich geschehen, voller Munterkeit und Freundschaft. Ich würde ihn einer der besten Zeitungen oder Zeitschriften schicken. Doch ist das wohl nur eine Ausgeburt meines gegenwärtigen Überschwangs. Ich werden den Artikel jedenfalls nicht ohne Deine ausdrückliche Billigung absenden.

Bevor ich meine Auslandsreise antrat, war ich müßig, vergnügungssüchtig und kalberig. Oft war ich nicht wert, Temples Freund zu heißen. Jetzt bin ich ein anderer geworden. Ich stelle etwas vor und bin stolz darauf. Sprich, Du, der Du mich von Knabentagen an gekannt hast, hättest Du

1 In Wirklichkeit siebzig.

Dir vor acht Jahren träumen lassen, daß Dein Studiengenosse, durch eine unglückliche Erziehung im qualmigen Edinburg seiner selbst entfremdet, sich als der Mann entpuppen könnte, der er jetzt ist? Jetzt, mein Freund, sind wir im strengsten Sinne verbunden. Wir wollen nichts von Bedeutung unternehmen, ohne gegenseitiges Einverständnis.

Und muß ich nun also eine Holländerin heiraten? Ist das bereits ins himmlische Register eingetragen? Muß der stolze Boswell einer zarten Regung nachgeben? Muß er in der strotzenden Kraft der Jugend seine Freiheit einer einzigen Frau aufopfern? Vielmehr (wirst Du sagen), soll Dein Freund nicht das Glück ergreifen, das ihm das Schicksal in die Hände spielt? Wird es ihm nicht in der Seele wohltun, eine Frau an sich zu fesseln, die manch einen vorteilhaften Antrag abgewiesen hat. Muß er denn nicht heiraten, um ein altes Geschlecht fortzupflanzen? Und wo fände er ein liebenswürdigeres Weib? Ist er nicht ein Mensch von einzigartigem Gepräge, und wäre ihm ein gewöhnliches Frauenzimmer nicht ganz unerträglich? Sollte er den himmlischen Mächten nicht dankbar sein, daß sie ihm Zélide zugeführt haben, der keiner der Fehler des weiblichen Geschlechts anhaftet, eine junge Frau von Geist und verträglichem Wesen und feiner Bildung? Allerdings, mein lieber Temple, sie ist nicht halb so reich, als ich dachte. Sie besitzt nur ein Einkommen von £ 400 im Jahr. Außerdem will mir Ihr Verhalten nicht gefallen. Wir hatten vereinbart, uns zu schreiben. Meine Briefe sollten sie über ihren Buchhändler erreichen. So schrieb ich ihr von Berlin aus einen langen Brief. Sie ließ ihn unbeantwortet. Ich fürchtete, ihr allzu strenge Vorhaltungen gemacht zu haben, und entschuldigte mich deswegen von Anhalt-Dessau aus. Noch immer bin ich ohne Antwort. Ihr Vater ist ein schätzenswerter Mann. Wir stehen miteinander im Briefwechsel, wobei über seine Tochter dunkle Anspielungen fielen. Ich habe ihm einen Brief an sie anvertraut, damit ich sicher bin, daß sie ihn bekommt, und sehen kann, wie sie sich verhält. Wenn ich meine griesgrämige Veranlagung bedenke, finde ich eigentlich, ich sollte nicht heiraten, wenigstens vorläufig noch nicht, und wenn ich mich dann dazu entschließe, sollte ich eine gesunde, frohmütige Frau von Verstand und Vermögen wählen. Jetzt befinde ich mich wohl, weil ich mannigfaltige Anregungen empfange. Bin ich aber wieder in der Eintönigkeit Schottlands, befürchte ich einen Rückfall in meine krankhafte Schwermut. Ich muß bestrebt sein, mir ein Ziel zu setzen, elegante Studien zu betreiben, mich auf dem Land zu beschäftigen, und so meine Gemütsruhe zu wahren. Aber ach, wir sind beide noch bedenklich ungefestigt. Indessen besteht Hoffnung.

Mein werter Vater hat in die Italienreise eingewilligt. Was für ergiebige Aussichten eröffnen sich mir damit! Mein Brief ist bereits so lang geraten, daß ich auf Ausbrüche der Begeisterung verzichte. Meine Freude kannst Du Dir denken. Am Dienstag breche ich nach Turin auf. Mit der Entschlossenheit Hannibals werde ich die Alpen überqueren. Nach vier Monaten in Italien kehre ich dann über Frankreich zurück, mit einem Aufenthalt in Paris.

Verzeih mir, Temple, daß ich Deine eigenen Angelegenheiten bis zuletzt aufgespart habe. Du weißt, wie sehr mir Deine unerquickliche Lage nahegeht. Ich wollte, ich könnte ebenso sicher für Abhilfe sorgen. Ich kenne mich in der vornehmen Welt aus und habe jedes Vertrauen verloren. Lord Eglinton würde aus reiner Vergeßlichkeit nichts unternehmen. So habe ich an Lady Northumberland geschrieben, ob sie etwas für Bob tun kann. Lord Warkworth[1] war im Regiment General Craufurds, auf den beide große Stücke hielten. Ich habe nun Lady Northumberland geschrieben, der General habe versprochen, sich des jungen Leutnants

1 Lady Northumberlands ältester Sohn, nachmals Graf Percy und Herzog von Northumberland. Lady Northumberland hatte Boswell in ihren Kreis gezogen, als er sich im Winter 1762/63 in London aufhielt, um als Offizier bei der Garde anzukommen. Er hatte sie als seine Gönnerin betrachtet. Sie war jedoch nicht imstande oder nicht willens gewesen, ihm die Offiziersstelle zu verschaffen.

anzunehmen, und wenn sie bewirken könne, daß er dienstlich wieder Verwendung fände, würde sie »den Wunsch dessen erfüllen, der nicht mehr ist, dem Sie stets ein ehrendes Andenken bewahren müssen. Darf ich hinzusetzen, gnädige Frau, daß Sie mir damit eine Freude, eine tröstliche Freude bereiten würden, die sich kaum in Worte fassen läßt? Wäre ich gegenwärtig so reich, wie ich vermutlich einmal sein werde, sollte der Bruder meines Freundes wahrlich nicht auf die unsichere Gunst irgendeiner hohen Standesperson angewiesen sein.« (Der letzte Satz mag sie verdrießen. Vielleicht daß er ihr aber gefällt und sie anstachelt.) »Ach, gnädige Frau, seien Sie wahrhaft groß. Seien Sie großzügig den Bedürftigen gegenüber. Wenn Sie sich des jungen Mannes wirklich annehmnen wollen, bitte ich, mit einer Zeile beehrt zu werden usw.« Offen gestanden, ich erwarte von dieser Seite nicht viel. Wir werden ja sehen. Ich habe mich nicht dazu herbeigelassen, ihr zu schmeicheln. Dazu werde ich mich nie und nimmer verstehen. Auch an Mitchell, den ehemaligen Gesandten beim Hofe in Berlin, habe ich geschrieben. Er ist ein alter Freund meines Vaters und ein Mann, der das Herz auf dem rechten Fleck hat. Ich habe ihm Deine Lage ebenso auseinandergesetzt wie Lady Northumberland. Ach, Temple, mit welchem Hochgefühl breite ich den Lebenswandel meines Freundes vor andern aus! Wenn Mitchell helfen kann, wird er es tun. Hoffentlich kann er entweder Deinem Vater oder Deinem Bruder dienlich sein. Ich habe für beide ein Wort eingelegt. Ach, warum bin ich nicht an der Macht? Vielleicht bringe ich es im Laufe der Jahre noch dazu.

Temple, ich bin so königstreu wie immer. Willkürliche Gewaltherrschaft verabscheue ich, aber einem Monarchen von beschränkter Macht bringe ich Verehrung entgegen. Soll ich ein britischer Hofmann werden? Bin ich des Vertrauens meines Königs würdig? Kann Georg III. wollen, daß der rechtschaffenste und liebenswürdigste seiner Untertanen ständig in seiner königlichen Gegenwart weilt? Ich bin

VOLTAIRE
Nach einer Zeichnung von Dauzel, 1764,
gestochen von Michel

dazu bereit, wenn er sagt: »Du sollst unabhängig sein.« Temple, dies ist ein denkwürdiger Brief. Leb wohl, mein ewig teurer Freund. JAMES BOSWELL

[ANMERKUNG DES HERAUSGEBERS. Der Leser, der Boswells Verfahren hauptsächlich aus dem Londoner Tagebuch 1762/63 kennt, wird wohl ein Fragezeichen gemacht haben bei Boswells frohlockender Behauptung, das lange und geistreiche Gespräch mit Voltaire sei »ausführlich aufgezeichnet«, da im vorliegenden Tagebuch dieses Gespräch zum großen Teil eher beschrieben als wiedergegeben ist. Das Londoner Tagebuch 1762/63 stellt eben nicht Boswells gewöhnliches Vorgehen dar, das darin bestand, lange und verwickelte Unterredungen nur stichwortartig festzuhalten, ohne sie im Tagebuch mit verteilten Rollen auszuführen. Das gilt selbst für Johnsons Tischgespräch. Wenn immer man in der Johnson-Biographie auf ein besonders langes und geistreiches Gespräch stößt, kann man in mehr als der Hälfte der Fälle annehmen, daß Boswell es erst, als er die Biographie abfaßte, aus den flüchtigen Notizen, die er sich seinerzeit gemacht, wiederherstellte. Wenn Boswell behauptet, er habe die Gespräche mit Voltaire »ausführlich aufgezeichnet«, meinte er damit, er habe sie ausführlich genug aufgezeichnet, um sie jederzeit aus der Tiefe seines stupenden Gedächtnisses wieder hervorbaggern zu können, in der gebührenden Länge und Vielschichtigkeit. Nach den Verhältnissen bei der Johnson-Biographie zu urteilen, hätten seine Voltaire-Notizen zwanzig bis fünfundzwanzig Druckseiten Rede und Gegenrede ergeben. Leider kam er nie dazu, sie auszuführen, und leider sind auch nicht alle seine Notizen erhalten. Von den »acht Quartseiten«, mit denen Boswell sich brüstet – einem Schriftstück, das von Tagebuch, Merkzetteln und Brief an Temple zu unterscheiden ist –, sind nur zwei auf uns gekommen, auf Papier vom Format des gleichzeitigen Tagebuchs. Sie bestehen aus stichwortartigen Notizen auf englisch; da aber bei einem Schriftsteller wie Voltaire jede verbürgte Äußerung von Belang ist, seien sie hier als Text behandelt, statt sie in eine bloße Fußnote oder in den Anhang zu verweisen. Anschließend daran folgt ein Teil des Merkzettels zum 28. Dezember, worin Boswells Mitteilung an Temple, »dann sprach er voller Begeisterung von unserer Verfassung«, sich näher ausgeführt findet. Sowohl Notizen wie Merkzettel beziehen sich auf das Gespräch vom 27. Dezember, werden aber hier nach dem Brief an Temple vom 28. Dezember abgedruckt, da dieser manche dunkle Stelle darin erhellt.]

[27. Dezember, Notizen über Voltaires englisches Gespräch]

VOLTAIRE. »Shakespeare oft zwei gute Zeilen, niemals sechs. Ein Wahnsinniger, bei Gott, ein Bänkelsänger.[1] Keinen eigenen Stoff, alles alte Geschichten.« Schach. »Ich werde verlieren, bei Gott, bei allen Heiligen im Paradies. Ah, hier komm ich geritten, auf einem schwarzen Bock, wie das Luder, das ich bin.[2] Falstaff von den Spaniern.« BOSWELL. »Ich will Ihnen sagen, warum wir Shakespeare bewundern.« VOLTAIRE. »Weil ihr keinen Geschmack habt.« BOSWELL. »Aber –« VOLTAIRE. *»Et penitus toto divisos orbe Britannos*[3] –

1 Voltaire war zeit seines Lebens ehrlich überzeugt, Shakespeare sei ein begnadeter Barbar, hatte aber nach seiner Rückkehr aus England mehr über Shakespeares Vorzüge als über seine Mängel zu sagen. Er riet seinen Landsleuten, es Shakespeare nachzutun, was die Verwendung historischer Stoffe betrifft, und mehr Handlung auf die Bühne zu bringen, und verriet in seinen eigenen Stücken, daß er Shakespeare mit Gewinn gelesen hatte. Aber es kam ihm nie der leiseste Zweifel an der Überlegenheit des französischen klassizistischen Dramas; und im Laufe der Jahre erfüllte ihn die wachsende Beliebtheit Shakespeares mit wachsender Besorgnis, schien doch dessen Bühnenerfolg den Gedanken nahezulegen, es gehe auch ohne die klassischen Einheiten und das klassische Dekorum. Das führte dazu, daß er schließlich den Abgott der englischen Bühne aufs heftigste bekämpfte (»Aufruf an alle Völker Europas«, 1761), ein Kampf, den er bis zu seinem Tode fortführte. Als Boswell ihn besuchte, war Voltaire gerade voll von der Frage, hatte er doch kurz vorher den »Aufruf« neu bearbeitet.

2 Voltaire zitiert aus dem Gedächtnis einen obszönen englischen Knüttelvers, den er wahrscheinlich aus dem *»Spectator«* (Nr. 614, 1. November 1714) hatte.

3 »Die ganz vom Erdkreis abgeschnittenen Briten« (Vergil, Hirtengedichte I, 66).

ganz Europa steht gegen euch. Ihr habt deshalb unrecht.« BOSWELL. »Das ist nur, weil wir mehr Phantasie haben.« VOLTAIRE. »Mehr Hirngespinste. – Pope fährt einen netten, geputzten Zweispänner; Dryden hingegen eine Kutsche mit sechs Pferden, Postillon und allem Trara.« Er sagte einige Stellen aus Dryden fehlerlos her. BOSWELL. »Was ist das Gedächtnis? Wo sind eigentlich alle unsere Gedanken untergebracht?« VOLTAIRE. »Wie Thomson sagt, wo schläft der Wind, wenn alles ruhig ist?[1] Thomson war ein großer Maler. Milton, viele schöne Stellen und viele mangelhafte, da auf dieser verfluchten Welt nichts vollkommen ist. Seine Nachahmer sind unverständlich. Er selber, wenn er gut schreibt, ist ganz klar.« BOSWELL. »Was halten Sie vom englischen Lustspiel?« VOLTAIRE. »Viel Geist, viel Handlung und viel Freudenhäuser.« BOSWELL. »Was halten Sie vom ›Fingal‹?« VOLTAIRE. »Das ist doch wie ein alttestamentlicher Psalm. Erhabene Stellen gibt es darin schon. In beiden übrigens. Der Homer Schottlands.«

BOSWELL. »Sie sprechen ein gutes Englisch.« VOLTAIRE. »Oho, ich kann ein paar Brocken Latein für den Hilfsgeistlichen. – Addison ist ein bedeutender Kopf. Sein Charakter leuchtet durch seine Schriften hindurch. – Dr. Clarke war ein metaphysisches Uhrwerk. Ein hochmütiger Priester. Er glaubte, er könne alles beweisen, und wer so denkt, ist nicht ganz bei Trost.« BOSWELL. »Johnson ist sehr strenggläubig, aber auch äußerst gelehrt, ein Mann von Geist und Gemüt.«[2] VOLTAIRE. »Dann ist er ein Hund. Ein abergläubischer Hund. Kein Mann von Geist war jemals abergläubisch.« BOSWELL. »Er sagte, der König von Preußen schreibe wie Ihr Lakai usw.« VOLTAIRE. »Dann ist er ein vernünftiger Mensch.[3] –

1 Vgl. Boswell, »*The Hypochondriac*«, Nr. 67, April 1783.

2 »aber auch äußerst gelehrt ... Gemüt« ist ein Einschiebsel zwischen den Zeilen Voltaires Entgegnung bezieht sich nur auf Johnsons Stränggläubigkeit.

3 In der Johnson-Biographie, sehr viel später entstanden und wahrscheinlich ohne Zuhilfenahme dieser Notizen, gibt Boswell unter dem Datum vom 19. Juli 1763 Voltaires Antwort in der Form: »Ein braver Mann!«

Werden Sie in Rom den Prätendenten aufsuchen?« BOSWELL. »Nein, das gilt als Hochverrat.« VOLTAIRE. »Ich verspreche Ihnen, es Ihrem König nicht zu hinterbringen. Ich werde Sie nicht verraten. Sie würden einen Frömmler sehen, einen traurigen Wicht.« BOSWELL.[1] »Sein Sohn ist noch schlimmer. Jeden Tag betrunken. Frauen behandelt er mit Fußtritten; die Behandlung täte ihm selber gut.« VOLTAIRE. »Homer war der einzige, dem es je einfiel, zwölftausend Verse zu schreiben über zwei oder drei Schlachten. – Es ist lustig, von ›Alt-England‹ zu hören.« BOSWELL. »›Alt-England‹, ›Alt-Schottland‹, ›Alt-Frankreich‹ haben einen ganz anderen Gefühlswert als . . .«[2]

[*Donnerstag, 27. Dezember.* NOTIZEN ÜBER DAS GESPRÄCH MIT VOLTAIRE. Original teilweise französisch] . . . VOLTAIRE. »Ihr habt die bessere Regierung. Wenn sie nichts mehr taugt, werft sie ins Meer, dazu habt ihr ja den Ozean ringsum. Ihr seid Sklaven des Gesetzes. In Frankreich ist jeder entweder Hammer oder Amboß, man schlägt oder wird geschlagen. BOSWELL. »Es ist aber ein leichter, zierlicher Hammer.« VOLTAIRE. »Ja, ein Taschenhammer. Wir sind zu gering, daß es sich für die Obrigkeit lohnte, uns den Kopf abzuschlagen. Wir sind am Boden, man zertrampelt uns einfach.«

Samstag, 29. Dezember. Heute vormittag besuchte ich Rieu und einen Kunstmaler namens Belle Pré, die sich in ein Zimmer teilen. Dann war ich bei meinem trefflichen Pater Adam, der einige der jungen Bedienten unterrichtet und überhaupt sehr entgegenkommend ist. Ich sprach von Glaubensfragen und fand in ihm einen aufrichtigen Christen. Er sagte: »Jeden Tag bete ich für Herrn von Voltaire.

---

1 Diese Äußerung gehört vielleicht auch noch Voltaire. Es stehen aber deutlich Anführungszeichen davor.

2 Der Satz ging vielleicht weiter »alte Jungfer«, das heißt, »alt« kann je nachdem einen positiven oder negativen Gefühlswert haben.

Vielleicht geruht Gott, sein Herz zu rühren und ihn den wahren Glauben erkennen zu lassen. Es ist schade, daß er nicht ans Christentum glaubt. Er hat viele christliche Tugenden. Er hat die schönste Seele, ist menschenfreundlich und wohltätig, aber gegen das Christentum hat er nun einmal ein Vorurteil. Wenn er ernsthaft aufgelegt ist, suche ich mit ihm zu rechten; hat er aber seine lästerlichen Anwandlungen, halte ich lieber den Mund.« Der brave Pater! Wie seltsam geht es hienieden zu! Ich sprach mich gegen die Ewigkeit der Höllenqualen aus. Er konnte sich der kirchlichen Meinung nicht entziehen, doch veranlaßte ihn eine menschliche Regung zu sagen: »Es soll mich freuen, wenn es sich anders verhält.« Dann ging ich mit Rieu die Schaubühne Voltaires besichtigen. Sie ist nicht groß, aber sehr hübsch und brachte mich auf allerlei erfreuliche Gedanken. Ein Umstand machte mir Voltaires Theater besonders lieb – die Gedankenverbindung mit Temple, an den ich dabei ständig denken mußte. Dies erklärt sich dadurch, daß er vor einigen Jahren meinem Vater den Vorschlag machte, wir sollten zusammen in Genf studieren und »Voltaire! Rousseau! Unsterbliche Geister!« sehen. Außerdem haben wir mit Nicholls und Claxton[1] viel von Voltaire gesprochen. Solche Begleitumstände, die mir meinen teuren Freund in Erinnerung rufen, sind wertvoll.

Hierauf begab ich mich mit dem Sekretär in Voltaires Bibliothek, die ansehnlich und gut geordnet ist. Ich sah ein Exemplar der »Elements of Critcism«, und aus der Art, wie der Sekretär es bestritt, gewann ich die Überzeugung, daß Voltaire die vernichtende Besprechung des Buches in der »Gazette littéraire« geschrieben hat. Die Jansenisten veröffentlichten früher gegen die Jesuiten sogenannte »Mémoires ecclésiastiques« [Kirchliche Denkwürdigkeiten]. Voltaire hat einen dicken Band davon einbinden lassen, mit dem

1 Freunde Temples von Cambridge her, die Boswell im Sommer 1763 in London kennengelernt hatte.

Titel »Sottises ecclésiastiques«.[1] Auf einem Gestell sah ich einen Oktavband, betitelt »Barbarische Trauerspiele«. Überzeugt, es müßten englische sein, nahm ich den Band heraus. Er enthielt »Kleon«, »Elfrida«, »Caractatus«.[2] Diese kleinen Bosheiten, ganz im Geschmack Sir David Dalrymples[3], belustigten mich sehr. Ich wollte, Voltaire hätte noch mehr seiner Bücher anders betitelt.

Das erste Mal in Ferney war ich in meinen meergrünen und silbrigen Staat gekleidet, diesmal in meinen geblumten Samt. An der Mittagstafel wandelte mich eine trübe Stimmung an, so daß ich dachte, ich möchte nicht um viel Geld hierbleiben müssen. Dabei wäre ich in Wirklichkeit stolz und beglückt, lange bei Voltaire wohnen zu dürfen. Ich wurde aufgefordert, später, von Lyon aus, wiederzukommen. Ich verabschiedete mich ohne Förmlichkeit von den Hausgenossen. Voltaire selber war krankheitshalber nicht in Erscheinung getreten. Ich schickte zu ihm und bat, mich verabschieden zu dürfen, was mir gewährt wurde. Ich traf ihn im Wohnzimmer, wo ich mich nochmals gegen eine halbe Stunde lang seiner Gesellschaft erfreute, jedenfalls mehr als eine Viertelstunde. Ich teilte ihm mit, daß ich sein Gespräch aufgezeichnet habe, was ihn zu freuen schien. Diese letzte Unterredung soll ebenfalls festgehalten werden; sie war eigentümlich und ernst. Ich war voller Schwärmerei, in gewissem Sinne angenehm außer mir. Auf meine Bitte versprach Voltaire, mir zu schreiben. Ist das nicht groß?

[*Samstag, 29. Dezember.* NOTIZEN ÜBER VOLTAIRES ENGLISCHES GESPRÄCH][4] ... BOSWELL. »Als ich Sie aufsuchte, er-

---

1 »Kirchliche Gedankenlosigkeiten«.

2 Das erste von Robert Dodsley (1758), die beiden andern von William Mason (1752, 1759). In Wirklichkeit handelt es sich bei allen dreien um »regelgerechte« Trauerspiele, die höchstens insofern »barbarisch« wären, als sie in englischer Sprache abgefaßt sind.

3 Sir David Dalrymple, zum Freundeskreis Boswells gehörig, schottischer Rechtsanwalt, der nebenbei literarische und antiquarische Studien trieb und jedes Jahr ein bis zwei Bücher und Plaudereien in englischen Zeitschriften veröffentlichte.

4 Der Teil des Merkzettels zum 30. Dezember, der die Unterredung vom 29. enthält.

wartete ich einen großen, aber auch einen bösen Mann zu sehen.« VOLTAIRE. »Sie sind sehr ehrlich.« BOSWELL. »Ja, deshalb muß ich auch gestehen, daß ich das Gegenteil vorfand. Nur Ihr ›Philosophisches Wörterbuch‹ macht mir Sorgen. Zum Beispiel *›Ame‹*, die Seele –.« VOLTAIRE. »Das ist ein guter Artikel.« BOSWELL. »Nein, mit Verlaub, ist [Unsterblichkeit] nicht eine erfreuliche Vorstellung? Etwas Erhabenes?« VOLTAIRE. »Gewiß. König von Europa sein zu wollen, ist auch ein erhabener Wunschtraum. [Sie sagen], ›ich wünsche es so und bitte Sie, mich darin zu bestärken.‹ Wahrscheinlich ist es aber nichts damit.« BOSWELL. »König kann nicht jeder sein, unsterblich dagegen wohl. [Wir sagen mit Cato], ›es muß so sein‹[1], bis wir es am Ende sind.« VOLTAIRE. »Bevor wir aber sagen, daß es die Seele gibt, sollten wir wissen, was sie ist. Ich weiß darüber nicht Bescheid, kann die Frage nicht entscheiden. Cicero sagt, *potius optandum quam probandum.*[2] Wir sind unwissende Wesen, die Marionetten der Vorsehung. Ich bin nur ein armseliger Hanswurst.« BOSWELL. »Sind Sie gegen öffentlichen Gottesdienst?« VOLTAIRE. »Nein, durchaus nicht. Wir sollten viermal im Jahr in einem großen Tempel zusammenkommen, mit Musik, und Gott für alle seine Gaben danken. Es gibt die eine Sonne. Es gibt den einen Gott. Warum also nicht eine einzige Religion? Dann wird die ganze Menschheit sich verbrüdern.« BOSWELL. »Darf ich auf englisch schreiben, und Sie werden mir antworten?« VOLTAIRE. »Gewiß. Leben Sie wohl.«

Samstag, 29. Dezember. [Fortsetzung des Tagebuchs.] Ich muß hier einmal innehalten und als unbeteiligter Betrachter über mich selbst schlüssig werden. Was für ein eigenartiges Wesen bin ich doch! Aus diesem meinem Tagebuch läßt sich ersehen, wie vielseitig mein Innenleben ist. Werde ich denn nicht überall gut aufgenommen? Wird mir nicht vornehmlich von den bedeutendsten Geistern Beachtung

---

1 Addisons »Cato«, V 1, 1; die erste Zeile des berühmten Selbstgesprächs.
2 »eher ein Wunschtraum als eine ausgemachte Sache«.

Voltaire
Ausblick von Ferney
Stich von Jean Huber

geschenkt? Und warum? Ich verfüge weder über ein tiefgründiges Wissen noch über ein sicheres Urteil noch über ständigen Frohsinn. Dafür habe ich eine edle Seele, die immer wieder durchbricht, einiges Wissen, Einfälle aller Art, einen persönlichen Ton, und ich glaube wirklich, eine bemerkenswerte Kenntnis des menschlichen Herzens. Diese ist so verschieden von bloßer Menschenkenntnis wie die Kenntnisse eines Blumenliebhabers, der über das Walten der Natur Bescheid weiß, von denen eines solchen, der nur künstliche Blumen liebt. Der erstere erkennt zwar künstliche Blumen als solche, kann aber nicht angeben, ob sie aus Stoff, Porzellan oder Kupfer sind. Genauso erkenne ich den Mann von Welt als künstlich, ohne ihn im einzelnen näher bestimmen zu können. Was den Menschen als solchen angeht, da kenne ich mich wohl so ziemlich aus. Dazu verfüge ich über gewandte Umgangsformen, die für mich einnehmen. Ich vermag mich auf jeden einigermaßen erträglichen Menschen abzustimmen, daß er sich so ungezwungen gibt wie einem zweiten Selbst gegenüber und mich, solange ich da bin, gar nicht als fremd empfinden kann. Vielleicht sind meine Talente geeignet, mir mehr Glück zu verschaffen als solche höherer Art. Wenn mein Hang zum Trübsinn nicht wäre, könnte ich als regelrechter Lebenskünstler gelten.

Ich verließ dieses Schloß in einer eigentümlichen Stimmung, sehr nachdenklich, mit der Frage beschäftigt, ob ich in Schottland je wieder in meine früheren Vorurteile verfallen könne. Wieder in Genf, erhielt ich Besuch von dem jungen Chappuis, zu dem ich sagte: »Voltaire ist ein Dichter, ein erhabener Dichter, und ragt hoch empor. Rousseau ist ein Denker und reicht tief hinunter. Der eine fliegt, der andere taucht.« Das ist unbeholfen ausgedrückt, dem Sinne nach aber nicht übel. Ich speiste bei Gaussen, wo ich Lord Stanhope und Lord Abingdon sowie dessen Bruder traf. Ich war etwas matt. Vorher war ich bei Professor Maurice gewesen, wo ich mit seiner Frau, seinem Sohn und seiner Tochter sprach.

Sonntag, 30. Dezember. Den ganzen Vormittag saß ich zu Hause und schrieb. Um drei besuchte mich Professor Maurice, der eine Stunde lang blieb. Wir waren guter Dinge. Ich sagte mir immer wieder, »das ist nun ein Genfer Geistlicher.« Ich entfaltete große Beredsamkeit, sprach aber von meinem Trübsinn mit einem gewissen Stolz, was ihn erstaunte. Er bat mich, ihm zu schreiben, was geschehen soll. Vanneck hält sich gegenwärtig in Genf auf, mit Monat, seinem guten Hofmeister, der mich heute nachmittag zu einer Gesellschaft einlud, die seine Frau in dem Gasthof gab, in dem sie wohnen. Es war eine artige Versammlung, unverkennbar genferisch. Nach dem Tee und Kaffee fand ein Ball statt. Die Geige oder Geigen spielten auf, und es wurde getanzt. Ist das nicht genug, um meine hartnäckige Vorstellung von einem Genfer Sonntag als etwas Trostlosem zu zerstreuen? Obendrein befand sich auch noch ein Pfarrer unter den Anwesenden. Dies war nun der zweite Genfer Geistliche, den ich kennenlernte. Sie gefallen mir gar nicht. Ob sie Arianer oder Socinianer sind, entzieht sich meiner Kenntnis, aber eitle Gecken sind sie alle. Ich spielte eine Partie Whist, und nachdem wir genug gespielt und getanzt hatten, setzten wir uns zu einem Abendessen. Ich sage »wir«, weil ich nämlich, obwohl nicht besonders frisch[1], ein Menuett tanzte mit Frau Rilliet, die ich in Ferney kennen- und schätzengelernt; und so schlug mir der Verfall presbyterianischer Sittenstrenge zum Vorteil aus. Die Genfer Geistlichkeit ist indessen ganz anders als die schottische. »Wir sind keine Puritaner«, betonte Maurice. »Der Erzbischof von Canterbury steht in Verbindung mit uns, und wenn die anglikanische Kirche etwas Wichtiges unternimmt, verständigt man uns davon.« Das Essen fand in einem großen Saale statt; es wurde ein Erkleckliches verzehrt und getrunken. Nachher bewarf man sich mit Brotkü-

1 Auf dem Merkzettel erklärt er, daß er »trübselig vor Hunger« war. Er scheint diesen Sonntag auf das Mittagessen verzichtet zu haben, wie des öfteren.

gelchen, was mir eher unziemlich schien in einer großen Gesellschaft und in Anwesenheit eines Fremden. Ich machte jedoch fleißig mit, teils, um nicht störend aufzufallen, teils aus Lust und Laune. Als ich mich erkundigte, ob dies in Genf allgemein der Brauch sei, hieß es, nur im Freundeskreis. Es ging überhaupt ein bißchen sehr zwanglos zu – die Herren tätschelten den Damen die schweißigen Hände und küßten sie sogar, wie beispielsweise der Geistliche, der die ungewaschene, geschminkte Hand einer verheirateten Frau besabbelte. Wäre ich ihr Gatte gewesen, ich hätte den Kerl mit einem Fußtritt hinausbefördert. Ich fand das alles sehr widerwärtig und tröstete mich mit dem Gedanken, es seien eben die übeln Manieren von Republikanern. Ich war froh, wieder nach Hause zu kommen.

Montag, 31. Dezember. Die ganze Nacht blieb ich auf und schrieb Briefe. In meinem Tagebuch kann ich das Hin und Her meines ausgedehnten Briefwechsels nicht vermerken. Es wäre eine mühselige Arbeit, und meine Briefbündel sprechen für sich selber. Um zehn holte mich der junge Maurice ab, mit dem ich die Stadtbibliothek besichtigte, die gut eingerichtet und leidlich mit Handschriften versehen ist. Der Professor, der mich herumführte, sprach von dem braven Dupont. Dann bestiegen wir den Turm der Peterskirche und sahen die berühmte Uhr, von der mir Dupont so viel erzählt hatte. Ich schrieb dem guten Mann von seinem geliebten Genf aus und gab ihm Nachricht von all diesen Dingen. Der junge Maurice speiste mit mir im Gasthof. Er ist ein Prachtkerl, vernünftig und von gewinnendem Wesen.

Bei meinem Bankier fand ich einen Brief meines Vaters vor, in welchem stand, er sehne sich danach, mich zu sehen, um meinen Beistand in seinen Angelegenheiten zu haben und mir alles im einzelnen erklären zu können. Obgleich mir nicht wohl dabei war, wenn ich bedachte, wie wenig ich mich mit meinem kranken Gemüt in die nüchternen Alltagsgeschäfte vertiefen kann, ging mir die ganze Art des Briefes doch zu Herzen, so daß plötzlich der Entschluß in mir reifte, dem schätzenswertesten aller Menschen inskünftig nach Möglichkeit Freude zu bereiten.[1] Ich wollte den jungen Chais besuchen, der jedoch unpäßlich war und mich nicht empfangen konnte. Dagegen wurde ich bei Lord Stanhope empfangen und seiner Gemahlin vorgestellt. Ich blieb eine Weile und begab mich dann zu Gaussen, der mich zum Abendessen behielt. Mir war flau. Als ich nach Hause kam, war ich von der Schreiberei gestern nacht und den verschiedenen Gängen heute so abgemattet, daß ich kaum noch einen Gedanken fassen konnte und gleich in tiefen Schlaf versank.

[Boswell an Rousseau. Original französisch][2]

Genf, den 31. Dezember 1764

VIELEN, VIELEN DANK, HOCHZUVEREHRENDER HERR ROUSSEAU, für das Briefchen, mit dem Sie mich bedachten. Vielen, vielen Dank auch dafür, daß Sie mich an Ihren vertrauten Freund empfohlen haben. Sie haben von mir auf eine Art und Weise gesprochen, wie ich Schwarmgeist es mir nicht schmeichelhafter hätte wünschen können. Glauben Sie mir, ich werde Ihre Worte nicht Lügen strafen.

Und Sie haben Ihren Brief an Herrn Deleyre offengelassen. Und Boswell ist bereits der Vertraute Ihrer bemerkenswerten Angelegenheiten und Ihrer Herzensergießungen.[3] Damit haben Sie das Maß meines Stolzes vollgemacht. Sie

1 Dieser Brief ist nicht erhalten, ebensowenig wie Boswells Brief an Dupont.

2 Nach dem Original, jetzt in der Neuenburger Stadtbibliothek, abgedruckt in Prof. Tinkers Ausgabe der Briefe Boswells (1924. I, 65–68). Unter Boswells Nachlaßpapieren im Besitz der Yale-Universität befindet sich ein vollständiger Entwurf, der von dem Brief, wie er abgeschickt wurde, nur unwesentlich abweicht.

3 Rousseau teilte Deleyre später mit, daß er den Brief nur aus Versehen offenließ; es sei keineswegs geschehen, um Boswell Einsicht nehmen zu lassen. Trotzdem besteht kein Grund zur Annahme, er habe sich nicht völlig unverhohlen über Boswell geäußert.

bemerkten, was mir fehle sei lediglich das Bewußtsein meines eigenen Wertes. Jetzt bin ich mir dessen bewußt.

Ich war bei Herrn von Voltaire. Seine Unterhaltung ist die geistreichste, die ich je gehört. Ich hatte ein Gespräch mit ihm unter vier Augen, das eine Stunde dauerte, ein sehr ernsthaftes Gespräch. Er ließ sich über seine natürliche Religion auf eine Art aus, die ihren Eindruck auf mich nicht verfehlte. Trotz allem, was geschehen ist, an diesem Abend hätten auch Sie ihn geliebt. Ich dachte bei mir, *aut Erasmus aut Diabolus.*[1]

Hier bin ich nun in der Stadt, deren Bürger zu heißen Sie einst mit Stolz erfüllte und der Sie den Ruhm, Sie hervorgebracht zu haben, nie rauben können. Ihre »Briefe vom Berge« erregen hier gewaltiges Aufsehen. Ich bin fast ganz unter die Anhänger der Obrigkeit geraten, also unter Ihre geschworenen Feinde, und würde mich schämen, Ihnen weiterzusagen, was ich an heftigen Schmähungen gegen »diesen Schurken Rousseau« mit angehört habe. Sie haben die ganze Gelehrtenstadt in Aufruhr gebracht. Ich betrachte Genf als eine Art Athen zur Zeit der Verfolgung des Sokrates.

Sie sagten, daß Sie an mir Anteil nähmen. Wollen Sie mir also schreiben, sooft es Ihre Arbeit wie auch Ihre körperlichen und seelischen Beschwerden zulassen? Sie können für mich eine große Wohltat bedeuten. Wie Sie erklärten, gibt es zwischen uns Berührungspunkte. Was für ein Ruhmestitel für mich! Ich empfinde den stärksten Drang, die Zahl dieser Punkte zu vermehren.

Morgen trete ich die Reise nach Italien an und bitte Sie, mir mit Rat beizustehen, wie ich mich verhalten soll, um den größten Gewinn zu ziehen aus diesem Land der schö-

---

1 »Erasmus oder der Teufel«, die Bemerkung, die Sir Thomas Morus machte, als er Erasmus zum erstenmal begegnete. Boswell will sagen, wenn das, was er an jenem Abend sah, nicht der wahre Voltaire war, könne es nicht mit rechten Dingen zugegangen sein, denn kein Mensch wäre imstande, sich so zu verstellen.

nen Künste. Ich habe viel übrig für Altertümer und für Malerei. Auf beiden Gebieten werde ich die beste Gelegenheit haben, mich zu vervollkommnen. Auch habe ich wirklich Sinn für Musik und eine leidlich gute Stimme, spiele auch ein wenig Flöte, halte dies aber für unter meiner Würde. Vor zwei Jahren fing ich an, Geige zu spielen, fand es aber so schwierig, daß ich es aufgab. Das war falsch. Sagen Sie mir, täte ich nicht gut daran, mich bis zu einem gewissen Punkt ernsthaft mit Musik zu befassen? Sagen Sie mir, was für ein Instrument ich wählen soll. Es ist etwas spät dazu, ich weiß. Dafür hätte ich die Genugtuung, ständig Fortschritte zu machen und mich mit den Klängen meiner Leier dereinst über meine alten Tage hinwegzutrösten.[1]

Sie kennen mich gründlich, haben Sie doch meinen Lebensabriß gelesen. Ich vergaß jedoch, Ihnen von einem Vorfall zu erzählen, der mir sehr zusetzte. Letzten Sommer befand ich mich in Deutschland in zahlreicher Gesellschaft. Es waren unangenehme Leute, und ich ärgerte mich, mit ihnen meine Zeit vertrödeln zu müssen. Man stimmte das Lob der Franzosen an, und ich wurde ausfällig gegen dieses Volk, ohne ein Blatt vor den Mund zu nehmen. Ein Offizier stand auf, trat zu mir heran und sagte: »Mein Herr, ich bin Franzose, und nur ein Schurke kann so von meinen Landsleuten sprechen.« Wir saßen noch bei Tisch. Ich verbeugte mich; hatte noch eine halbe Stunde Bedenkzeit. Nach Tisch winkte ich den Hauptmann in den Garten hinaus. Ich sagte zu ihm: »Herr Hauptmann, es ist mir sehr peinlich. Ich war unhöflich, und es tut mir aufrichtig leid. Sie haben sich aber eines Ausdrucks bedient, den kein Ehrenmann auf sich sitzenlassen kann, und ich muß Genugtuung verlangen. Wenn sich die Sache beilegen läßt, soll es mich freuen, da ich im Unrecht war. Wollen Sie so gut sein, sich vor den an-

1 »Sich James Boswell in der Rolle Ossians vorzustellen, wie er den weißen Bart im Winde flattern läßt und sich in den romantischen Hainen Auchinlecks mit der Leier über sein Alter hinwegtröstet, das muß jeden Wohlgesinnten mit stiller Heiterkeit erfüllen« (C. B. Tinker, Young Boswell, 1922, S. 55).

dern bei mir zu entschuldigen? Ich werde mich zuerst bei Ihnen entschuldigen. Wenn Ihnen mein Vorschlag nicht genehm ist, müssen wir es ausfechten, obwohl ich das offen gestanden nur ungern täte.« Ich sprach mit dem Gleichmut eines Stoikers, entschlossen, meiner Pflicht zu genügen. Der Offizier war ein braver Mann. Er erwiderte, er wolle tun, was mir beliebe. Wir kehrten zu den andern zurück und entschuldigten uns wechselseitig, umarmten uns, und die Sache war erledigt. Es ließ mir aber keine Ruhe, bis ich sie nicht zwei oder drei meiner Landsleute vorgetragen hatte. Zu diesen sagte ich: »Meine Herren, ich bin ein einfaches Gemüt, nicht vertraut mit den Spielregeln, die in der Gesellschaft gelten, glaube aber, als Mann gehandelt zu haben. Ihr seid meine Landsleute, wie stellt ihr euch dazu?« Sie versicherten mich, die Angelegenheit sei beiderseits durchaus ehrenhaft beigelegt worden, es solle mir aber eine Lehre sein. Verzeihen Sie, daß ich Sie mit dieser Geschichte behellige. Da ich hoffentlich zu Ihren wahren Freunden zähle, möchte ich, daß Sie das Gute und das Schlechte meines Charakters kennen, damit Sie das eine in Ihr Herz schließen und das andere verbessern können. Ich bin von Natur aus zaghaft, und meine Erziehung war ganz danach angetan, mich vollends zu verschüchtern, doch wohnt eine Seele in mir, die diese schmählichen Ketten sprengen kann und mir den edlen Mut einflößt, der einem Mann geziemt.

Wie stellen Sie sich zum Duell? In der »Heloise« haben Sie darüber nicht genug gesagt.[1] Es gibt Leute, die uns einreden wollen, das Evangelium lehre uns allzu große Zimperlichkeit. Ich neige selber ein wenig zu dieser Auffassung.

---

1 Wer in der »Neuen Heloise« Julies lange und leidenschaftliche Anklage gegen das Duell gelesen hat – ganz zu schweigen von Lord Eduard Bomstons Verhalten, nachdem er herausgefordert wurde –, der wird dies eine merkwürdige Behauptung finden. Die »Neue Heloise« war aber Dichtung, und Boswell mochte sich fragen, wieweit die Ansichten des Verfassers sich damit deckten. Es war für Boswell nicht nur eine akademische Frage. Er warf sie im Gespräch mit Johnson immer wieder auf und gewann nie völlig Klarheit darüber, wie sich die Forderungen des Christentums mit denen des Ehrenkodex vereinbaren ließen.

Lord Marischal hat mir geschrieben, voller Güte und Frohsinn.

Sie werden wohl nichts dagegen haben, wenn ich ab und zu an Mamsell Le Vasseur schreibe. Ich versichere Sie, ich habe nicht im Sinn, Ihnen Ihre Wirtschafterin zu entführen. So romantisch ich veranlagt bin – unmögliche Pläne zu schmieden, liegt mir fern. Sagen Sie mir, darf ich hoffen, eines Tages ein leidliches Französisch zu schreiben?

Ihr aufrichtiger ergebener BOSWELL.

[Boswell an Therese Le Vasseur. Original französisch]

Genf, den 31. Dezember 1764

ICH NEHME MIR DIE FREIHEIT, GEEHRTESTE MAMSELL, Ihnen eine Granathalskette zu übersenden, die Sie behalten wollen als ein kleines Andenken an einen Schotten, dem Sie ein ehrliches Gesicht nachsagten.[1]

Ihre Tüchtigkeit wird mir unvergeßlich bleiben. Ihre Handfertigkeit zum Beispiel. Sie verstehen sich auf Klöppelarbeiten. Sie können kochen. Dann setzen Sie sich an den Tisch und führen muntere Reden. Sie stehen auf, der Tisch wird abgeräumt, das Geschirr gewaschen, alles in Ordnung gebracht. Mamsell Le Vasseur findet sich wieder ein. Das grenzt an Hexerei.

Behüten Sie Ihr Pflegekind gut, Sie, die Sie den großen Rousseau unter Schloß und Riegel halten. Werden Sie aber deswegen nicht hochmütig. Lassen Sie sich gelegentlich herbei, mir zu schreiben und ausführlich Nachricht von Ihnen zu geben. Sie haben es mir versprochen.[2] Ein Versprechen sollte heilig sein, wie Sie wohl schon immer wußten.

1 Die Kette kam ihn auf acht Taler zu stehen, wie im Ausgabenbuch unter dem 1. Januar vermerkt.

2 Therese war nahezu Analphabetin. Sie konnte zwar schreiben, völlig regelwidrig, tat es aber selten.

Und der Philosoph, bei dem Sie wohnen, lehrt Sie in dieser Hinsicht nichts anderes.

Berichten Sie mir, wie es mit der armen, kinderreichen Familie steht. Ich habe eine Schwäche für eine der Töchter, weil sie es war, die mich holte, als es Zeit war, zu Herrn Rousseau zu gehen.

Leben Sie wohl, geehrteste Mamsell. Gestatten Sie mir, Sie mit einem Kuß zu grüßen. BOSWELL

1765

Dienstag, 1. Januar. Voltaire hatte mir feierlich versichert, er habe sich noch nie vor dem Tode gefürchtet, mit der Aufforderung, ich möge mich bei Dr. Tronchin, seinem Leibarzt, erkundigen, ob dieser ihn je in Todesangst gesehen habe.[1] Gaussen schickte zu Tronchin, mit der Bitte, er möge mir gestatten, ihm meine Aufwartung zu machen, was dieser nicht abschlug. Da ich diesen Vormittag aufzubrechen gedachte, begab ich mich um acht in den Reisestiefeln zu ihm. Er ist ein stattlicher, wohlaussehender Mann von um-

1 Theodor Tronchin, damals Mitte der Fünfziger, war ein Genfer, der in Cambridge und Leiden studiert hatte und jetzt zu den führenden Ärzten Europas gehörte. Lord und Lady Stanhope, auch in Boswells Tagebuch genannt, hatten sich in Genf niedergelassen, damit ihr einziges, ihnen noch verbleibendes Kind von ihm behandelt werden konnte. Voltaire hielt große Stücke auf ihn und pflegte zu sagen, er lebe nur noch dank Dr. Tronchin. Rousseau war lange mit ihm befreundet gewesen, beide hatten sie sich gegen Theateraufführungen in Genf gesträubt, aber Tronchins Strenggläubigkeit ließ ihn an Rousseaus »Emil« und der »Neuen Heloise« Anstoß nehmen, und als Lokalpatriot mußte er Rousseaus Angriffe auf die Genfer Obrigkeit verurteilen. Es dürfte Tronchin gewesen sein, der Voltaire die Unterlagen lieferte zu seiner Schrift, *»Sentiment des citoyens«* (Wie die Bürger sich dazu stellen), in welcher soeben die Geheimnisse von Rousseaus Privatleben der Öffentlichkeit preisgegeben worden waren. Man darf nicht vergessen, daß Boswell erst jetzt davon Kenntnis erhält, was Rousseau vorgeworfen wurde.

gänglichem Wesen. »Ich komme nicht als Kranker«, sagte ich, »aber wenn ein gesunder Mensch Ihnen seine Aufwartung machen darf –« Er erwiderte: »Für solche muß man allerdings zu sprechen sein«, und lächelte. Rousseau nannte er einen »hochmütigen, ruhmsüchtigen, gottlosen Spitzbuben, der mit einem Dolch schreibt, getaucht in das Blut seiner Mitbürger. Ein Mensch, von venerischen Krankheiten zugrunde gerichtet[1], ein Mensch, der sich anheischig macht, uns Sittenstrenge vorzuleben, und sich dabei eine Konkubine hält. Ich war früher mit ihm befreundet, als ich aber entdeckte, daß er, um niemand verpflichtet zu sein, lieber seine eigenen Kinder aussetzte, wollte ich mit ihm nichts mehr zu tun haben.« Dies war ein arger Schreck für mich, doch fiel mir dann ein, daß Tronchin mit der Genfer Obrigkeit in Verbindung steht, die Rousseau so scharf angegriffen hat. Tronchin merkte, daß mich seine Schmähworte verletzten, und sagte: »Jetzt habe ich Ihnen eine Feder aus Ihrem Glück gerupft.« »Sie wird wieder nachwachsen«, versetzte ich.

Dann sprach ich von Voltaire, von dem er sagte, er sei sehr liebenswürdig, »aber er ist nie zwei Tage hintereinander derselbe. Manchmal ist er ein guter Deist. Ist ihm aber etwas verquergegangen, hat er einen ärgerlichen Brief erhalten, so ist er auf die Vorsehung nicht gut zu sprechen. Ich habe ihn immer wie eine Naturerscheinung betrachtet, habe ihn in allen seinen seelischen Zuständen beobachtet, war auch zugegen, wenn er glaubte, es gehe ans Sterben, und ich ihm keine Hoffnung machen konnte.« BOSWELL. »Ach, wirklich? Und bekundete er ein Grauen?« TRONCHIN. »Nein. Je schlimmer sein Befinden, um so besser sein Deismus. Seine Krankheit läßt ihn eher an die Gnade Gottes glauben.« BOSWELL. »Dann kann ich es also jedermann sa-

1 Tronchin hat Rousseau nie von Berufs wegen untersucht; seiner Diagnose von Rousseaus Leiden kommt deshalb nur der Charakter einer Mutmaßung zu. Rousseau verwahrte sich entschieden gegen den Anwurf.

gen, und zwar aus bester Quelle. Herr von Voltaire hat mich aufgefordert, mich bei Ihnen zu erkundigen, ob er Todesangst kenne, wie Geistliche behauptet haben.« TRONCHIN. »Das können Sie ruhig bestreiten. Aber er ist von Sinnen. Ich nenne jeden von Sinnen, der keine festen Grundsätze hat, die ihm in den Wechselfällen des Lebens als Richtschnur dienen können. Ein solcher Mensch ist das schwächste Geschöpf, das es gibt.« BOSWELL. »Es ist seltsam, die großen Geister aus der Nähe zu sehen.« TRONCHIN. »Es gibt deren nur wenige, die ihre Herrlichkeit nicht einbüßen, wenn man sie unter die Lupe nimmt. Ich habe meinen Sohn auf Reisen geschickt[1], damit er alle die Herren Europas zu sehen bekommt und unvoreingenommen urteilen lernt. – Voltaire fragte ich einst, warum er nicht folgerichtig nach seinen Grundsätzen handle. Seine Antwort war: ›Wenn ich körperlich so kräftig wäre wie Sie, wäre ich auch beständiger.‹«

Diese Unterredung war für mich von nicht geringem Wert, da sie mich instand setzt, die Frömmler, die Märchen verbreiten über die große Leuchte Frankreichs, jederzeit in die Schranken weisen zu können.

Um elf trat ich meine Reise an, in einem Wagen, der vorne so hoch war, daß ich nach rückwärts geworfen wurde, wie ein Bischof in seinem Studiersessel. Alle Wagen zur Überquerung der Alpen sind so gebaut. Gemächlich kamen wir voran.

ANMERKUNG DES HERAUSGEBERS. An diesem Punkt wird das Tagebuch im nächsten Band, *»Boswell on the Grand Tour: Italy, Corsica, and France«*, wiedereinsetzen. Ein paar Briefe, die zeitlich in den folgenden Band gehören, seien nachstehend abgedruckt, weil sie den vorliegenden Band abrunden.

---

1 Er wurde später Sekretär Andrew Mitchells in Berlin.

[Boswell an Voltaire]

Turin, den 15. Januar 1765

HOCHWOHLGEBORNER, GNÄDIGSTER HERR! Als ich mich in Ferney von Ihnen verabschiedete, bat ich Sie, mit Ihnen in Briefwechsel treten zu dürfen, was Sie mir bereitwilligst zusagten. Ich hoffe, Sie taten es als Philosoph und nicht etwa als Weltmann. Kurz gesagt, ich hoffe, es war Ihnen Ernst damit. Jetzt setze ich mich hin, um dies zu erproben.

Sie werden mich in meinen Briefen ebenso finden wie im Gespräch – eigenartig und angenehm. War es nicht so? Entweder habe ich Ihnen gut gefallen oder Sie können sich verstellen wie kein zweiter. Ich bin sicher, daß es Sie freute, einen Menschen kennenzulernen, der Ihnen keine Schmeicheleien sagte, deren Sie nachgerade überdrüssig sein dürften. Manch ein scharfes Komplimentenragout ist Herrn von Voltaire schon aufgetischt worden. Gelehrte und Machthaber aus aller Herren Ländern haben sich diesbezüglich abgemüht. Sie könnten uns sicher eine höchst ergötzliche Schilderung der verschiedenen Zubereitungsarten geben. Falls Sie noch immer Lust darauf hätten, müßten Sie eine Belohnung aussetzen für denjenigen, der eine neue Art des Scharwenzelns erfindet. Wer eine üppige Tafel gewohnt ist, findet ein ländlich-einfaches Mahl von besonderem Reiz. So war auch Herr von Voltaire, übersättigt mit Schmeichelei, entzückt von dem ehrlichen Lob, das ihm ein wackerer schottischer Majoratsherr spendete. Was ich Ihnen brachte, war ein Naturprodukt. Es war weder gewürzt noch parfümiert. Es kam frisch von der Molkerei. Es war saure Milch und Rahm.

Mit großer Genugtuung denke ich daran, wie forsch und freimütig ich mich mit Ihnen über Glaubensfragen unterhalten habe. Ich sagte damals zu Ihnen, »Sie sind *ein* Menschenwesen und ich ein zweites«. Sie erinnern sich vielleicht, daß ich keinerlei Befangenheit verriet; und während ich auf der Unsterblichkeit meiner Seele bestand, glühte da nicht ein Feuer in mir, das etwas Göttliches hatte? Es macht mich über die Maßen glücklich, ein so bedeutendes Gespräch mit Ihnen gehabt zu haben. Vorher war meine Bewunderung für Sie verdunkelt durch den Abscheu, den man mir vor Ihnen als Mensch beigebracht hatte. Hätte ich Ihnen nicht meine Aufwartung gemacht, wäre mir zeitlebens ein Widerwille gegen Sie geblieben. Seither habe ich nun aber ein ganz anderes Bild von Ihnen. Obwohl ich aufrichtig bedaure, daß Sie gegen die Lehre von Trost und Hoffnung eingenommen sind, werde ich stets Ihr menschliches Gefühl und Ihre große Gesinnung preisen. Ich weiß, Sie sind nicht immer derselbe. Aber wenn Sie nicht das Herz auf dem rechten Fleck hätten, wären Sie nicht imstande gewesen, so zu mir zu sprechen, wie Sie es im Laufe unseres ernsthaften Abends getan haben. Als ich wieder in Genf war, suchte ich Dr. Tronchin auf, der mir auf meine Frage bestätigte, daß er nie etwas von jener Todesfurcht bei Ihnen bemerkt habe, die von Frömmlern als Beweis Ihrer Unredlichkeit angeführt wird. Dr. Tronchin sagte von Ihnen: »Je näher er dem Tode zu sein glaubt, um so besser sein Deismus.« Ich habe mir jetzt Gewißheit verschafft über Ihren Charakter, und in meiner Gegenwart soll er nie mehr verleumdet und angeschwärzt werden. Mehr als einmal habe ich seither schon Gelegenheit gehabt, Sie in Schutz zu nehmen. Ihre Fehler seien nicht verschwiegen, aber darüber hinaus werde ich nichts durchgehen lassen.

Wie ich Ihnen schon sagte, habe ich unser bedeutendes Gespräch aufgeschrieben. Es füllt acht Quartseiten und macht Ihnen alle Ehre. Der berühmte Ben Jonson kam einst nach Schottland, um meinen Landsmann Drummond von Hawthornden zu sehen, in dessen Haus er einige Zeit in philosophisch geistreichem Gespräch verbrachte. Drummond hielt das Gespräch schriftlich fest und veröffentlichte es später mit seinen Werken[1], worüber Ben Jonson nicht er-

---

1 Boswell irrt sich. Die berühmten Gespräche erschienen erst lange nach Jonsons und Drummonds Tod im Druck.

baut war. Hatte er nicht unrecht? Wäre es ein Mißbrauch, wenn ich eines Tages einige der anregendsten und erhabensten Äußerungen eines erlauchten Schriftstellers der Allgemeinheit zugänglich machen würde?

Falls Sie mir wirklich schreiben wollen, werden Sie mir viel Ehre erweisen, und ich werde danach trachten, Sie zu unterhalten, so gut ich kann. Ich bin usw.

[Erhalten am 15. März 1765, Voltaire an Boswell. Original englisch[1]]

11. Februar 1765, auf Schloß Ferney bei Genf

Meine Beschwerden und meine schlechten Augen gestatten es mir nicht, mit der Raschheit und Genauigkeit zu antworten, wie es Pflichtgefühl und Herz verlangten. Sie haben sich angelegentlich nach dem erkundigt, was man so hübsch die Seele nennt. Ich muß Ihnen gestehen, mir ist von diesem Ding nichts bekannt. Ich weiß weder, ob es das gibt, noch was es ist, noch was später damit geschieht. Junge Gelehrte und Geistliche wissen darüber trefflich Bescheid. Ich für mein Teil bin nur ein ganz unwissender Mensch.

Mag es damit auf sich haben, was immer man will, ich versichere Sie, meine Seele ist der Ihren sehr gewogen. Wenn Ihr Weg Sie je wieder in unsere Einöde führt, werden Sie mich, falls noch am Leben, stets bereit finden, Ihnen meine Hochachtung und Ergebenheit zu bezeigen.

V.

---

1 Nach Voltaires Diktat oder Entwurf geschrieben von seinem Sekretär, Jean Louis Wagnière, den Boswell in Ferney kennengelernt hatte, wenn er ihn auch nicht mit Namen erwähnt. Siehe S. 123, 124, 139.

[Boswell an Voltaire]

Rom, den 4. April 1765

SIE MÖGEN ES MIR GLAUBEN, GNÄDIGSTER HERR, daß es mich mit nicht geringer Genugtuung und Freude erfüllt, einen Brief von Herrn Voltaire in der Hand zu halten. Ich danke Ihnen herzlich dafür. Bedenken Sie den Altersunterschied und lassen Sie die Jugend in ihrer Unverschämtheit sich rückhaltlos aussprechen. Abgesehen von Ihrem Ruhm, verehre ich Sie schon Ihres hohen Alters wegen. Als ich das erstemal von Ihnen hörte, hörte ich von einem Mann, dessen Werke es seit langem gab, und da ich mit der Chronologie auf Kriegsfuß stehe, hielt ich Sie tatsächlich für einen Schriftsteller des Altertums. Diese frühe Fehlmeinung wirkt immer noch nach. Von Herrn von Voltaire einen Brief zu erhalten, ist für mich dasselbe wie ein Brief von Abraham, den es Ihres Erachtens vielleicht gar nicht gegeben hat, oder von Julius Cäsar, bei dem Sie bezweifeln, ob er jemals mit den Kommentarien zwischen den Zähnen den Fluß durchschwommen hat.[1]

Ich finde es ergötzlich, wie wenig Federlesens Sie mit der Seele machen, obwohl Sie zugeben, daß Sie darüber nicht Bescheid wissen. Manch ein Freigeist hat schon behauptet, Unwissenheit sei die Mutter der Frömmigkeit. Danach sollten Sie mit der Seele ehrfürchtig umgehen, aber Sie ziehen sie ins Lächerliche (»was man so hübsch die Seele nennt«) und reden so leichthin davon, als handle es sich um Ihren kleinen Finger. Dabei ist die Seele doch das All schlechthin, der Mensch, das denkende Prinzip, der Ursprung alles Hohen und Zierlichen, Urheberin von Geschichte, Dichtung und all den schönen Künsten. (Verzeihen Sie, wenn ich mich so für die Unsterblichkeit ereifere. Ich bin von krankhafter Schwermut, ich weiß nicht wieso. Auf dieser Welt

1 Siehe Voltaires »Philosophisches Wörterbuch«, den Artikel »Abraham« und die »Geschichte Karls XII.«, das Vorwort der Ausgabe von 1748.

sind die Aussichten für mich umdüstert. Was meine trüben Stunden erheitert, ist die Hoffnung auf eine hellere Welt nach dem Tode, und ich glaube, es spricht vieles dafür, daß ich dereinst nicht enttäuscht werde.) Dürfen wir uns daher nicht der Hoffnung hingeben, daß die Seele ewig fortleben und immer größere Vollkommenheit und Seligkeit erlangen wird? Ist das nicht ein Gedanke, würdig des Herrn über das Weltall? Es ist die Seele, die uns einen Abriß der Geschichte von Karl dem Großen bis in unsere Tage hinein gegeben hat. Es ist die Seele, der wir so viele Trauerspiele verdanken, die dem französischen Theater zur Zierde gereichen. Es ist die Seele, die sich unerwarteterweise mit so viel Geist gegen sich selbst gewandt hat, und es ist abermals die Seele, die Güte und Freude ausstrahlt über das Gebiet von Ferney. Leugne es, wer kann ...

Sie hatten die große Freundlichkeit, meinen Wunsch zu erfüllen, und haben mir auf englisch geschrieben. Falls Sie lieber in Ihrer eigenen Sprache schreiben, tun Sie es bitte. Solange Herr von Voltaire mir die Ehre antut, sich mit mir zu unterhalten, mag er in französischer Seide oder in derbem englischen Stoff einherkommen. Ich bin mit vieler Verehrung Ihr dankbarer und ergebener Diener.

PS: Darf ich Sie bitten, Ihrer Nichte und Pater Adam meine besten Empfehlungen zu vermelden?

ANHANG

Boswells Entwürfe zu seinem ersten Brief an Rousseau

[ANMERKUNG DES HERAUSGEBERS. In seinem Tagebuch (Seite 46) sagt Boswell nichts darüber, wie gründlich er den ersten Brief an Rousseau überarbeitet hat; man gewinnt vielmehr den Eindruck, er habe einen fertigen Brief nach Môtiers mitgebracht, den er verwenden wollte, um sich bei Rousseau Einlaß zu verschaffen. Es handelt sich dabei wohl um das Schriftstück, das nachstehend als Erster Entwurf abgedruckt ist und vermutlich am Abend des 2. Dezember in Neuenburg entstand. Es ist kein Entwurf im eigentlichen Sinn, sondern ein sorgfältig aufgesetzter Brief, der nur versiegelt und mit der Anschrift versehen zu werden brauchte.]

[Boswell an Rousseau. Erster Entwurf. Original französisch]

[Neuenburg, 2. Dezember 1764]

HOCHZUVEREHRENDER, GNÄDIGSTER HERR! Ich bin ein guter Schotte, um der Unterhaltung und Belehrung willen auf

Reisen, schreibe schlecht französisch und spreche es noch schlechter. Hierhergekommen bin ich, um Sie zu sehen.

Man hat mir davon abgeraten, hierherzukommen; man wollte es mir ausreden. Aber alles, was man mir sagte, hat mich nur in meinem Entschluß bestärkt, kühndreist um die Erlaubnis zu bitten, Sie besuchen zu dürfen. »Herr Rousseau ist eigen.« Gewiß. »Er ist ein Menschenfeind.« Das ist nicht wahr. »Er hat schon viele Besucher abgewiesen, den Herrn Marquis von – – –, den Herrn – – –; den Herrn – – –« usw. usf. Um so besser. Ich bin nicht wie einer von diesen Herren. Wenn Herr Rousseau jedermann Zutritt gewährte, vor allem der vornehmen Welt, dann wäre sein Haus nicht mehr die Klause des Geistes und der Frömmigkeit. Und mich würde nicht so sehnlich danach verlangen, seine Schwelle zu betreten.

Ich bin ein junger Mensch von vierundzwanzig Jahren. Wollen Sie wissen, ob ich Empfehlungen habe? Bedarf es denn solcher bei Ihnen? Empfehlungen schützen Leute ohne Scharfblick vor Hochstaplern. Sie jedoch, der Sie die menschliche Natur erforscht haben und sie zu zergliedern und ihre Auswirkungen nachzuzeichnen verstehen, können Sie sich denn in einem Charakter täuschen? Dies vermag ich schwerlich zu glauben. Und doch wage ich es, mich der Prüfung zu unterziehen, der strengsten Prüfung, der sich ein Mensch je ausgesetzt hat. Wünschen Sie Huldigungen zu hören? Ich gebe Ihnen Tatsachen. Ihre Schriften haben mein Herz aufgetaut, meine Seele erhoben, meine Einbildungskraft beflügelt, mir Anschauungen vom Leben vermittelt, die für mein schwermütiges, wenn auch lebhaftes Wesen himmlische Erleuchtungen bedeuten. Glauben Sie mir, ich bin Ihrer Beachtung wert. Zwar noch nicht lange auf der Welt, habe ich doch mancherlei erlebt. Ich habe Ihnen viel zu erzählen. Befürchten Sie nicht, sich dem faden Geschwätz eines Windbeutels auszusetzen, der Ihnen seine Abenteuer zum besten gibt und sich einbildet, der Held eines Romans zu sein. Machen Sie sich eher darauf gefaßt, in lichtscheue Umstände eingeweiht zu werden, hinsichtlich welcher niemand auf der Welt mir Rat erteilen kann, es sei denn der Verfasser der »Neuen Heloise«. Wollen Sie mich nicht empfangen? Wenn nicht, wird es bedauerlich sein, Ihrereits so gut wie meinerseits. Verzeihen Sie, aber plötzliche Regung übermannt mich. Ah, geliebter Saint-Preux! Ah, mitfühlender Mentor! Mir ahnt, daß heute eine wahrhaft edle Freundschaft geboren wird.

Gewähren Sie also einem jungen Fremdling Zutritt. Ich bitte Sie, weisen Sie mich nicht ab. Ich warte auf Ihre Antwort. BOSWELL

ANMERKUNG DES HERAUSGEBERS. Was als Zweiter Entwurf abgedruckt wird, kann nicht vor dem 3. Dezember entstanden sein, da darin eine Wendung vorkommt, die Boswell von dem Wirtstöchterlein in Brot aufgeschnappt hatte: »als hätte er zwei Köpfe«. (Siehe Seite 45.) Nachdem Boswell gehört hatte, wie unzugänglich Rousseau war, sagte er sich offenbar, der knappe, dreiseitige Brief, den er mitgebracht hatte, sei noch nicht nachdrücklich genug, so daß er sich im Gasthof zu Môtiers nochmals dahintersetzte, um ihn zu erweitern und zu verbessern. Er schrieb im ursprünglichen Brief einiges zwischen die Zeilen und setzte dann einen völlig neuen Entwurf auf, den zweiten.]

[Boswell an Rousseau. Zweiter Entwurf. Original französisch]

[Môtiers, Val de Travers, 3. Dezember 1764]

HOCHZUVEREHRENDER, GNÄDIGSTER HERR! Ich bin der älteste Sohn eines Schotten aus altadligem Geschlecht. Nun kennen Sie meinen Stand. Ich bin vierundzwanzig Jahre alt. Nun kennen sie mein Alter. Vor sechzehn Monaten habe ich Großbritannien verlassen, als krasser Inselbewohner, kaum ein Wort Französisch sprechend. Ich bin in Holland gewesen und in Deutschland, nicht aber in Frankreich; wollen Sie deshalb mein Französisch entschuldigen. Ich reise aus einem echten Bedürfnis nach Fortbildung. Hierhergekommen bin ich, um Sie zu sehen.

Ich habe alles gehört, was vorgebracht werden kann, um mir meine Hoffnung auszureden, aber meine Hoffnung bleibt dessenungeachtet bestehen. »Herr Rousseau ist eigen und launisch. Er hat schon viele Besucher abgewiesen, den Herrn Marquis, den Herrn Grafen, den Herrn von – – –« usw. usf. Freilich, wenn Herr Rousseau jedermann Einlaß gewährte, wäre sein Haus nicht mehr die Klause auserlesenen Geistes und hoher Frömmigkeit, und mich würde nicht so sehnlich danach verlangen, seine Schwelle zu betreten.

Ich weiß, daß Sie sich nicht als eine Kuriosität zur Schau stellen wollen, als hätten Sie zwei Köpfe und vier Beine. Ich weiß, daß Ihr reizbares Gemüt weder aufdringliche Schmeichler ertrüge noch eitle Gecken, die Sie lediglich aufsuchen, um nachher sagen zu können, sie hätten die Ehre gehabt.[1] Wenn aber ein junger Mensch von Bedeutung kommt, von der Bedeutung, wie Sie sie am höchsten schätzen, kann ich nicht daran zweifeln, daß Sie ihn gnädig empfangen. Ein solcher bin ich aber.

Wollen Sie wissen, ob ich Empfehlungen habe? Bedarf es denn solcher bei Ihnen? Empfehlungen sind nötig im Handel und Wandel der Welt, um Leute ohne Scharfblick vor Hochstaplern zu schützen. Sie jedoch, der Sie die menschliche Natur so gründlich erforscht haben, können Sie sich denn in einem Charakter täuschen? Wenn man einem Raphael ein Gemälde schickte, braucht man ihn zu versichern, es sei meisterlich in Farbe und Zeichnung? Nein, ein Raphael würde seine Vollkommenheiten und auch seine Mängel selber entdecken, besser als sie ihm irgendwer auseinandersetzen könnte. Schickt man sein Bild einem gewiegten

1 Tilgung: »und vielleicht – Himmel, ist es möglich – Ihnen Bewunderung abzuringen«.

Kenner, sagt man deshalb besser nichts. Sie erraten, was ich damit meine.

Da Sie die menschliche Natur so gründlich erforscht haben, stelle ich mir vor, Sie kennen sich darin vollkommen aus, abgesehen vom unbegreiflichen Wesen der Seele. Körper und Geist sind Ihnen vertraut in allen ihren Regungen, ihren Empfindungen, in allem, was sie aufnehmen können. Einen Menschen sehen, heißt für Sie, ihn zergliedern, ihn durchschauen. Und trotzdem wage ich es, vor Sie hinzutreten. Ich wage es, mich der Prüfung zu unterziehen. Im Gewimmel von Stadt und Fürstenhof kann man sich verstellen, kann man bisweilen den gewiegtesten Menschenkenner täuschen. Ich für mein Teil setze mich der schwierigsten Probe aus. In der Stille und Einsamkeit Ihres heiligen Hains sollen Sie mich beurteilen. Glauben Sie, daß ich mich unter solchen Umständen Ihrem Scharfblick entziehen kann?

Ihre Schriften haben mein Herz aufgetaut, meine Seele erhoben, meine Einbildungskraft beflügelt. Ich bin von lebhaftem, wenn auch schwermütigem Wesen, und Sie wissen, wie ein Mensch an einem solchen Gemüt leiden kann, ohne daß ihm in einem äußerlichen Sinne großes Ungemach widerfahren wäre. Dabei ist mir auch solches nicht erspart geblieben. Ich befinde mich ...[1]

[ANMERKUNG DES HERAUSGEBERS. Boswell verwarf dann auch den Zweiten Entwurf und fing mit einem dritten ganz von neuem an. Dieser schien ihm zu genügen, abgesehen von der letzten Seite, die er nochmals umschrieb, in erweiterter Form. Der Brief, wie er abgeschickt wurde (siehe Seite 48ff.), deckt sich so weitgehend mit dem endgültigen Entwurf, daß von diesem hier nur die letzte Seite abgedruckt sei.]

1 Boswell gedachte fortzufahren mit »in lichtscheuen Umständen, hinsichtlich welcher usw.« wie im Ersten Entwurf.

[Boswell an Rousseau. Dritter Entwurf.
Original französisch]

... das einen Fletcher von Saltoun und einen Lord Marischal hervorgebracht hat. Verzeihen Sie, ich gerate in Wärme. Ich kann nicht mehr an mich halten. – O geliebter Saint-Preux! Erleuchteter Mentor! Beredter und liebenswürdiger Rousseau! Mir ahnt, daß heute eine wahrhaft edle Freundschaft geboren wird.

Mit tiefem Bedauern habe ich erfahren, daß Sie oft unpäßlich sind. Vielleicht sind Sie es gerade jetzt. Lassen Sie sich deswegen bitte nicht davon abbringen, mich zu sehen. Sie werden mich von einer Schlichtheit finden, die keineswegs stört, von einer Herzlichkeit, die Ihnen Ihre Schmerzen lindert.

Ich habe Ihnen viel, sehr viel zu erzählen. Trotz meiner Jugend habe ich mancherlei erlebt, was Sie in Staunen setzen wird. Ich befinde mich in einer bedenklichen Lage, hinsichtlich welcher es meines Bedünkens niemand auf der Welt gibt, der mir mit Rat beistehen kann, es sei denn der Verfasser der »Neuen Heloise«. Ich betone nochmals, ich verdiene Ihren Beistand. Gewähren Sie also einem altadligen Schotten Zutritt. Vertrauen Sie einem Fremden, der nicht ist wie andere. Aber ich bitte Sie, seien Sie allein. Bei all meiner Begeisterung ...

Verzeichnis der Abbildungen

Umschlagbild: Stich von Charles Grignon nach Johann Heinrich Füßlis Titelblatt zu seinen »Remarks on Rousseau«, 1767.

Füßli erläutert das Bild in einer von ihm selbst verfaßten Rezension seines Buches in »Critical Review«, Mai 1767:

»Ein diesem Werk vorangestelltes, geistreiches und gut gezeichnetes satirisches Titelbild zeigt Voltaire in einer zierlichen Allongeperücke, mit Kanonenstiefeln und Sporen und mit einer Peitsche in der Hand, rittlings auf einem Ungeheuer sitzend, welches er aufgezäumt, gesattelt und zu Boden gezwungen hat. Über seinem Kopf baumeln Gerechtigkeit und Freiheit, am Halse aufgehängt, von einem Galgen, auf dessen Balken alles zu sehen ist, was noch vom Tempel der Freiheit übrigbleibt. Vorne an der rechten Seite des Bildes, auf einer kleinen Anhöhe, steht Rousseau als eine schalkhafte, achselzuckende Gestalt in Pelzmantel und Mütze, die mit der rechten Hand auf das Tier und seine Last hinweist und die Aufrichtigkeit und den wahren Wert des Reiters, so scheint es, mit dem Bleilot der Wahrheit in der Linken sondiert.

Wir geben zu, daß die heikle Lage unserer Lieblingsgrundsätze, Gerechtigkeit und Freiheit, uns nahegeht und daß wir gar nicht wissen, durch was für Untaten sie verdient haben, an den Galgen gehängt zu werden.

Wenn der kleine Herr im Pelz kraft seines Bleilots entdeckt hat, wie er anzudeuten scheint, daß Voltaire ihr Henker gewesen ist, so glauben wir, daß er an ihrer Stelle aufgehängt werden müßte.« (Nach J. H. Füßli, »Bemerkungen über J. J. Rousseaus Schriften und Verhalten«, herausgegeben von Eudo C. Mason, Zürich 1962.)